मैं लिखता तो ऐसे लिखता

(कविता संग्रह)

देवेन्द्र आर्य

डायमंड बुक्स

www.diamondbook.in

प्रकाशक : डायमंड पॉकेट बुक्स (प्रा.) लि.
X-30 ओखला इंडस्ट्रियल एरिया, फेज-II
नई दिल्ली - 110 020
फोन : 011- 40712200
ई-मेल : sales@dpb.in
वेबसाइट : www.diamondbook.in

Mai Likhta To Aise Likhta (Kavita Sangrah)
by : *Devendra Arya*

प्राक्कथन

पिछले कुछ वर्षों की काव्यालोचना में एक नया पद प्रचलित हुआ है, 'तात्कालिक कविता'। शायद यह 'तात्कालिक आलोचना' से प्रभावित हो। कवि को तात्कालिक कवि कह कर ख़ारिज करने के प्रचलन में प्राध्यापकीय आलोचकों- सम्पादकों द्वारा यह पद इस्तेमाल किया जा रहा है। नहीं भूलना चाहिए कि अक्सर तात्कालिकता ही सार्वकालिकता भी होती है। शाहकार का सपना दरअसल कवि जीवन में पूरा नहीं होता। पूरा होता भी है तो कवि को स्थगन या दुहराव के संकट में डाल कर। शाहकार, शाहकार रचने की प्रतीक्षा में नहीं, वरन् लगातार तात्कालिक रच कर ही सम्भव हो सकता है।

कविता की उत्कृष्टता बाद में तय होती है, पहले उसकी उपयोगिता तय होती है। जो आज उपयोगी है वह जरूरी नहीं कि काल-बाधित भी हो और यह भी जरूरी नहीं कि जो आज अनुपयोगी है वह कालांतर में उत्कृष्ट ही हो। यह आपका सरोकार ही है जो आपको किसी वजह, किसी ख़्वाब, किसी घटना से जोड़ता है, तटस्थ रखता है या दूर करता है।

वास्तव में कवि का ऐक्टिविज़्म ही उसकी कविता है। ऐक्टिविज़्म विहीन कविताएं ही अधिकांशतः तत्कालीन व्यवस्था द्वारा सराही और पुरस्कृत होती रही हैं। आज की गोदी आलोचना और प्रायोजित महानता के दौर में महान कविता के नाम पर कविता का यह ऐक्टिविज़्म (सरल भाषा में उसकी तात्कालिकता) ख़त्म किया जा रहा है। कुछ

गुलगुली-सी, गुनगुनी-सी, कुछ दुरंगी-सी और लोकतत्त्व के नाम पर कुछ पिछौड़ की ओर ले जाती भाषिक कविताएं सराही जा रही हैं। कविता माने माथापच्ची हो गया है। परन्तु इसका दूसरा भी पहलू है। कविता घटना वर्णन मात्र नहीं होती। उसके कुछ इशारे, कुछ काव्यात्मक, कलात्मक मूल्य भी होते हैं जो उसे कविता के बाजार में इमिटेशन कविता होने से बचाते हैं। 'कविता के बाजार' से बिदकने की जरूरत नहीं है। लिखने के अलावा कविता का सारा कार्य-व्यापार बाजार नियंत्रित ही है। कवि अपने को सिर्फ बाजार निमंत्रित होने से रोक पाने का पुरुषार्थ दिखा सकता है।

एक तरफ तात्कालिक कविता का एक छोर नकली कविता से जुड़ता है, तो दूसरी तरफ तात्कालिक कविता को हिकारत से देखने और प्रकारांतर से कविता के ऐक्टिविज़्म पर बंदिश लगा कर कवि की नैसर्गिक प्रतिरोधी भावनाओं की हत्या कर देने का भी कलात्मक उद्यम किया जा रहा है। कविता इतनी जल्दी क्यों? का प्रश्न भी उछला जा रहा है।

निश्चित रूप से हम आज जिस दौर में जी रहे हैं वहां सच और झूठ का अंतर कम होता जा रहा है। हम काव्य मूल्यांकन के तथाकथित सर्वकालिक मानदंडों से ही चालित नहीं रह सकते। नई जरूरतें काव्यालोचना के दरवाजे पर दस्तक दे रही हैं। इमिटेशन कविता ही नहीं, इमिटेशन आलोचना भी हो रही है। कविता कैसे लिखी जाए, किस शिल्प में लिखी जाए, कौन-सी काव्य विधा मानक, काव्य विधा मानी जाए और उसके बाहर लिखी जा रही कविताओं का इंदराज 'कविता' में हो ही न, कविता कब लिखी जाए, गरम-गरम या सेरवा के, इसकी कोई कसौटी नहीं गढ़ी जा सकती। प्रतिरोध की कविता के पीछे भले ही किन्हीं अर्थों में प्रायोजित कविता आयोजन जैसा कुछ दिख रहा हो परन्तु यदि उसके प्रतिरोध में जनवाद के समानांतर कोई नया कलावाद पैदा हो रहा है तो यह दुर्भाग्यपूर्ण है। कलावाद के वाम समर्थकों से हमें सचेत रहना चाहिए। कविता की मंचीय प्रवृत्ति और

उसकी गम्भीर साहित्यिक प्रवृत्ति के बीच साम्य केवल तात्कालिकता का ही नहीं होता। सरलता और सहज सम्प्रेषणीयता की आड़ में मजा लेने या मूल्य वसूलने की चालाकी छिपती नहीं। आवधिक बंदिश के आधार पर कविता न अच्छी हो सकती है न बुरी।

कविता ऐसे नहीं वैसे, कविता अब (अभी) नहीं तब, कविता चुप क्यों है, कविता चीख क्यों रही, हाय कविता जनता से कटती जा रही है, हाय कविता मंचीय होती जा रही है, हाय कविता एलीट होती जा रही, हाय कविता सड़क छाप हो गई है, हाय कविता समझ में नहीं आ रही, कविता एक ही पाठ में खुल क्यों जा रही है, कविता लिखने और समझने में बौद्धिक उद्यम समाप्त होता जा रहा है, कविता की पुरोहिताई ख़तरे में पड़ती जा रही है, कविता हिंदी विभागों के परिसर से बाहर होती जा रही है, हाय कवि कविताएं क्यों लिख रहा है, मोर्चे पर क्यों नहीं जा रहा, धरना-प्रदर्शन क्यों नहीं कर रहा, कविता वाचल क्यों होती जा रही, कविता घुन्नी क्यों होती जा रही है, राजनीतिक कविताओं का कवि राजनीतिक पहल से बाहर क्यों है? ये तमाम सारे प्रश्न हिंदी काव्य प्रदेश में आज गूंज रहे हैं। तमाम प्रश्न काव्यालोचना के बाजार में विंडो शापिंग कर रहे हैं। सरकारी सेंसर के अलावा साहित्यिक उत्कृष्टता और नैतिकता के अपने भी अंतर्निहित सेंसर हैं। साहित्य के गम्भीर आचार्य और सम्पादक कविता की देवी को निरहू-घुरहू के लिए सुलभ और सार्वजनिक हो जाने के ख़तरे को भी भांप कर चिंतित हैं।

हमें सोचना ही पड़ेगा कि हिंसक बनाए जा रहे आज के माहौल में और ख़ास तौर से दलितों, स्त्रियों, बच्चों और सामाजिक आर्थिक रूप से कमजोर तबकों के लिए अमानवीय होते जा रहे माहौल में कविता की भूमिका और कवि की भूमिका अलग-अलग क्यों होती जा रही है? प्रेम ही नहीं पर्यावरण को लेकर भी कवि का ऐक्टिविज़्म और कविता का ऐक्टिविज़्म अलग-अलग क्यों है? कविता जन के लिए और कवि अभिजन के लिए ! वाह ! गालिब का शेर है :

गो मेरे शेर हैं ख़वास पसंद, प मेरी गुफ्तगू अवाम से है

यह आज के कवि की पर्दादारी है या पहरेदारी?

मूल्यांकन की तात्कालिकता और कविता की तात्कालिकता में कौन अधिक ख़तरनाक है?

2017 में प्रकाशित संग्रह 'प्रयोगशाला में पृथ्वी' के बाद कविताओं का यह मेरा तीसरा संग्रह है। लगभग चार वर्षों में लिखी कविताओं में से... कविताएं इस ताजा संग्रह में संकलित हैं। इन कविताओं का भविष्य पाठकों के सुपुर्द करके मैं अपने को बोझ मुक्त महसूस कर रहा हूं।

विनम्र

देवेन्द्र आर्य

4 दिसंबर, 2019

विषय सूची

बीमार होना चाहती है औरत

बीमार होना चाहती है औरत
कि आराम कर सके कुछ दिन

अपने मन बीमार भी नहीं हो पाती औरत
कि छुट्टी पाए
चैन मिले कुछ दिन

कुछ न हो तो कम से कम बुखार ही सही

मान लो आ ही जाए बुखार
तो जब तक एक सौ चार डिग्री न हो
उठकर चाय तो बनानी ही पड़ेगी
इन्हें तो कुकर में दाल भी चढ़ानी नहीं आती
कि अदहन कितना आंच कितनी

सर्दी हो मुझे
इसके पहले ही शुरू हो जाती है इनकी छींक

बेहतर है हाथ-पैर ही टूट जाएं मेरे
सब्ज़ी का झोला टांगे आते समय
मार दे कोई बाइक से टक्कर
बस गले से चेन न खींचे

या फिर ऐसा हो
उठा कर पटक दे कोई गाय
तो आमाहल्दी प्याज बांधे बैठी रहूं दो जून
कुछ कमर तो सीधी हो
बस एक्स रे फेक्सरे वाला मामला न रहे

कुछ नहीं तो दो एक दिन
अस्पताल में ही डाल दे भगवान
जी सकूं झाड़ू-पोछा चौका किचकिच से अलग
चार आदमी मुझे भी देखने आएं – 'अरे क्या हुआ'?

भगवान कुछ ऐसा करो कि कम खर्च में
बिस्तर पर लेटे-लेटे सेवा का सुख
मैं भी भोग सकूं कुछ दिन
पर भगवान औरतों की सुनता ही कहां है?

❐

औरत की नंगी देह

औरत की नंगी देह-यात्रा में शामिल मर्दों की मांओं, पत्नियों और बहनों को केसरिया सलाम!

थक गया होगा मेरा लाल
भूखा-प्यासा खींचता रहा चीर
पद-यात्रा करता रहा भर दुपहर नंगी देह-यात्रा में
यही कहा होगा
उन होनहारों की मांओं ने उस शाम अपने सपूतों के लिए
रोटी सेंकते दाल बघारते

अचरा-पसार स्वागत ने सारी थकान दूर कर दी होगी
पुरुषार्थी बेटों की
उन्हें स्नेह से सहला कर मांओं ने
इस आधुनिक देवी जागरण का पुण्य पा लिया होगा
घर बैठे

❍

इतना आसान नहीं होता बहन!
किसी को नंगा करना
हम ख़ुद हो जाती हैं यह और बात है

याद है हार गया था दुर्योधन खींचते-खींचते द्रोपदी की साड़ी
बेचारा अकेला था न!
इस जुग में तो पता ही नहीं चलता
कौन पाण्डव है कौन कौरव

अबकी तो सब मिलकर खींच रहे थे औरत के बाल
चीथ रहे कपड़े
नोच रहे थे शरीर
लगा रहे थे नारा
जयकारा सामूहिक
सामुदायिक सद्भावपूर्ण ज़िम्मेदारी स्व-विवेकी
तब कहीं पूरी हो पाई एक औरत की
दिव्य नग्न शोभा यात्रा

❍

मेरा भी पति शामिल था उस तीर्थ-यात्रा में बहन!
मैंने तो साफ़-साफ़ देखी है टी.वी. पर उसकी फोटो
कैसे तो ललकार रहा था मेरा सैंया
जय माता दी वाली ललकार
पीट रहा था उस नंगिन को
जैसे पीटते हैं सावन में गुड़िया

मगर देखो न बहन!
निर्वस्त्र भले किया हो सबों ने पर बलात्कार किसी ने नहीं किया
लंगोट के कितने पक्के थे संस्कारी
साफ़ ज़ाहिर कि उनकी मंशा कत्तई बुरी नहीं थी
ज़रुर वह अपराधिन थी
वरना हमारे मर्दों ने मुजफ्फरपुर वाली का तो कुछ भी नहीं किया
देवरिया वाली का ही कहां जलूस निकाला हमारे मालिकों ने
भाई मैं तो गवाही दूंगी इनके लिए
होने दो पुलिस कचहरी
और किया भी होता तो भी नहीं कहती

उन्नाव वाली की तरह साफ़-साफ़ बयान देती
कि मेरा पति निर्दोष है बलात्कारी नहीं
उसे फंसाया जा रहा है

ऐसे पतियों पर हम वारी क्यों न जाएं बहन!
जब चार महीने की मासूम को नहीं छोड़ते मर्द
तब सबों ने कैसे बर्दाश्त किया होगा
वह भरी-भरी उघाड़ जवानी
इतना संयम समाज के लिए ही न!
पाप के नाश के लिए ही तो!
अंकवार में थपकी दे चूम के सुलाया मैंने उसे रात

❍

बिटिया कह रही थी
राखी बांधूंगी अपने भाई की कलाई पर
मां दुर्गा वाली राखी
नाक कान काट आया मेरा वीर सुपर्णखा का
बिना छुरी चक्कू
बिना ख़ून-खच्चर कुचल दी आत्मा उस डायन की

❍

सारी महिलाएं खड़ी रही होंगी उस शाम
अपने अपने दरवाज़े आरती की थाल सजाए
अपने उन महान पतियों बेटों भाइयों के स्वागत में
पुरुषार्थियों ने उस महिला को सरेआम नंगा कर जलूस निकाला
कुलटा दमन यज्ञ में शामिल हुए
और देश व्यापी ख्याति पाई
कोई दरवाज़ा बंद नहीं मिला होगा इन कर्णधारों के लिए

अगली नंगी देह-यात्रा की बाट जोह रही इन माताओं
पत्नियों बहनों को ध्यान नहीं रहा
कि उनकी बेटियों की आंखों में चुभ रहे उन अंकलों के चेहरे
जिन्होंने कभी न कभी
किसी न किसी बहाने
उनकी बेटियों की आत्माओं को तार-तार किया था
टी.वी. देखते कांप रही थी बेटियां
उन धर्मध्वजी अंकलों के साथ अपने पिताओं को देख
जिन्हें अपनी सहेलियों या आंटियों को दबोचे
पहले भी वे देख चुकी थीं
और पीटी गई थीं ज़बान न खोलने के लिए
ख़ानदान की इज़्ज़त का वास्ता दिया था तब माओं ने
बिटिया कह रही थी
सारी विगत और आगत द्रोपदियां ख़ुश थीं
कि उनके चीर खिंचे भी तो घर-परिवार में
अपने अपने घरों में नंगी वे इज़्ज़तदार हैं
मेरठ से बिछिया तक फैली सड़क छाप द्रोपदियों से ज़्यादा
इज़्ज़तदार
यह सब उनकी करवा चौथों, सोमवारी व्रतों
राखियों का ही तो कमाल है!

सोच रही थीं बेटियां
काश! पिताओं अंकलों के लिए भी कोई व्रत होता
तो शायद वे कुसमय महिला होने से बच जातीं

❒

केरल आपदा

मदद का सीधा रिश्ता मजहब से है
सभ्यता का ताल्लुक़ सियासत से

केन्द्र में कौन
कौन राज्य में
इससे तय होगा कि हेलीकॉप्टर
कांवरियों पर पुष्प वर्षा के लिए ज़रूरी हैं
या बाढ़ग्रस्त लोगों को सुरक्षित निकालने के लिए

अलिखित संविधान तय करते हैं
कि मौत से बचाना है या मौत महोत्सव मनाना है
मृत्यु तो 'अटल' है पर उसकी घोषणा?

आपदा कितने करोड़ की है
इसे आस्थाएं तय करती हैं
आप क्या खाते-पहनते हो
आपने किसे जिताया था यह कम महत्वपूर्ण नहीं
मौत का अनन्य रिश्ता मत से है

किसकी लाश पर आंसू बहाना है
किसकी चिता उखाड़ फेंकनी है
किसकी श्रद्धांजलि जायज़

किसका दुख नाजायज़ यह विचारधाराएं तय करती हैं
देख रहे हो न!
इस अखण्ड देश के केरल वासियों!

आपदायें समय चक्र हैं
आस्थाएं शाश्वत

ईश्वर निर्मित हों या विकास-गढ़ी
निवारण मनुष्य नहीं मंदिर के हाथों है

मानवता से बड़ी हो गई हैं मान्यताएं
इंसानियत से बड़ी सियासत
सुन रहे हो न केरलवासी हिन्दुस्तानियों
हम इंसान नहीं विचारों के पुतले हैं
देश नहीं प्रांत पहचान है हमारी
प्रांत नहीं पार्टी

तय करो कि तुम्हें मंत्री चाहिए या मल्लाह

❐

रंग-धर्म

देखे हैं धर्मों के रंग
होता है क्या कोई रंगों का धर्म
रंग-कर्म की तरह

कहते हैं रंग प्रकृति से हैं
और प्रकृति अपने ही रंगों में रंगी
शाश्वत रंगातीत
प्रकृति ही विकृत हो तो रंग कैसे सु-कृत (स्वीकृत)

अनुशीलन नहीं अनुसरण
नहीं राजनीतिकरण करते हैं हम रंगों का

वनस्पतियों ने जो दिया रंग वह मुस्लिम हुआ
फिर आतंकवादी
सूरज ने दिया जो रंग वह भगवा
फिर दंगाई
केसर के रंग किरकिरा उठे
कम फ़जीहत नहीं हुई लाल की
इंक़लाब का रंग पान की पीक
मन ही नहीं ज्ञान भी बदरंग
रंग-कुंठित

हम ठहरे रंग-परहेज़ी
प्रकृति ही नहीं प्रवृत्ति भी रंग-उजाड़
जैविक कम रासायनिक सपनों के रंग
मेल नहीं खाते लोकरंग से

शुद्ध है कोई तो रंग धूसर
शायद फींचते पछोरते सफ़ेदी पकड़ ले

थपकी देते हैं रंग
सहलाते गुदगुदाते सरस रस-रंग
चिढ़ाते भी हैं चुभते भी
रंग बदला भी लेते हैं

रंग-धर्म का पालन न करने वाली प्रजाति नष्ट हो जाती है

❐

संग्रहालय

धराऊं यादगार बेकार
काम आने की सम्भावना वाली कभी कभार
सुरक्षित रहती हैं चीज़ें घरेलू संग्रहालय में

स्त्रियों के अपने संग्रहालय होते हैं
जिनमें प्रवेश कर पाती हैं बेटियां
कभी-कभी बल्कि अंतिम समय बहुएं

बच्चों के संग्रहालय देखे ही होंगे आपने
जेब और बस्तों से निकलता बचपना

दिल भी एक संग्रहालय है
ज़मींदोज़ होने के पहले जिसके आस-असबाब
स्थानांतरित होते रहते हैं नवोदित संग्रहालयों में
चलता फिरता धड़कता यह संग्रहालय
पन्नों पर उतर आता है कभी

तोप तलवार गोला बारुद पत्थर
सारी जगहें घेर कर बैठ जाएं मुनासिब नहीं
थोड़ा सिकोड़ बटोर जगह बनानी चाहिए शब्दों के लिए
कुछ वाक्यों को भी डाल देना चाहिए संग्रहालयों में
मसलन 'सत्यमेव जयते'

संवेदना जाम की समस्या के लिए ज़रूरी है
पार्टियों की तरह फुनग आए तमाम ईश्वरों को
ठेलकर किसी संग्रहालय में जमा कर देना

बावजूद इसके इसे ईश्वर बाड़ा न कहा जाए
आंसू करुणा ईमान बचपन नींद और हंसी
ज़रूरी होती जा रही हैं चोटिल आस्थाओं के संग्रहालय के लिए
भाप की तरह भाषाएं
संग्रहित कर ली जाएं किसी सभ्यता खोजी के लिए
तमाम ध्वनियां
पंक्षियों की आवाजें
तमाम गंध
चिटकती लकड़ी की आंच पर चुरती दाल की खदबदाहट
बिना घोंटी-बघारी दाल का महकता स्वाद
ढेकुल चकिया जांता सूप ओखली की बोलियां
कुकर की सीटियों में खोती जा रही हैं

नीम अंधेरा ढेबरी का
जैसे रखती हैं माएं पहिलौठी का छट्ठी का कपड़ा
जैसे अब संग्रहित की जा रही है नाभि-नाल स्टेम सेल

संग्रहित कर ली जाए शीशे-सी पारदर्शी धूप
दुधमुंहे प्यार सी निश्छल हवा
नदियां दुनियादार हो जाएं
उसके पहले ज़रूरी है आध्यात्म जगाते सन्नाटों का संग्रहालय
कि अजनबियत के बीच तलाशी जा सके
अकेलेपन की मिठास
नर्म मुलायम उर्वर तनहाई का चैन
संग्रहित कर लिया जाए
इसके पहले कि भावनाएं भूकम्प धर्मी हो जाएं

❒

हद है

सम्भव है आप जिसकी आत्मा की शांति के लिए
शोकाकुल श्रद्धांजलि सभा आयोजित कर रहे हों
वह अपने जन्मदिन का केक काट रहा हो

सम्भव है इतनी क्रूरता बयान कर दी जाए
कि आप कुछ भी देखकर पसीजें ही नहीं
किसानों की आत्महत्यायें और बच्चियों के साथ बलात्कार
सब चलता है
क्रूरता की हद है
कि आप क्रूरतम पर भी नहीं उबलते

बना दो पहले अभ्यस्त ख़बरें
फिर हम ख़बर अभ्यस्त हो जाते हैं
फिर आसान हो जाती है जघन्यता
हादसों के प्रति यूज टू हो जाने से बड़ा हादसा क्या होगा
शंकायें ज़रूरी है पर इतनी भी नहीं
कि जीवन में शंकाओं का स्थान ही समाप्त हो जाए

भेड़िया आया भेड़िया आया का फ़रेब रचकर
भेड़िये के विरुद्ध जुटान रोकते रहे हैं आधुनिक हत्यारे

हद है कि सच दुहराते दुहराते
झूठ लगने लगे
शब्द भोथरे
आंसू दिखावटी और संघर्ष कविताई

हद है कि अब झूठ की कोई हद नहीं
हद सचमुच अनहद हो गया है

❐

एड़ी

एड़ी से झांकती दरारें
ढंकी जाती हैं लटका कर बांधी साड़ी से
सामने से दिखती है उंगलियां सुहागन
भोथरी सही पर बिछुएदार रंगी-टिकी

आने का बिम्ब चटक
जाने का थोड़ा उदास
अगुवानी में उंगलियां
बिदाई का बिम्ब हैं एड़ियां

एड़ी से फटे मोज़ों का नंगापन छिप जाता है
अगर जूते न उतारने पड़ें
सामने से सलामती ज़रूरी है
ठंढ उंगलियों को लगती है एड़ी को नहीं
हर किसी को ज़रूरत भर का समाजवादी तर्क
हमेशा एड़ियों के विरुद्ध जाता रहा है

उंगलियां कई और कई प्रकार की
मगर एड़ी इकलौती
पूरी वर्ण-व्यवस्था आप चाहें तो खोज लें शरीर में
मगर न पंजों पर टिका जा सकता है देर तक
न एड़ी पर

पांवों की सुरक्षा शुरू ही होती है उंगलियों से
एड़ी तक आते-आते ख़त्म
जूते सबसे पहले पहनती हैं उंगलियां
एड़ी तो ठेल दी जाती है जबरिया
पिछलग्गू
कपड़े भी नापे जाते हैं तो कमर से उंगली तक ही

शरीर के हर अंग का गहना है
पर एड़ी का?

कभी-कभार घूर की तरह दिन बहुरते हैं एड़ियों के भी
शादी ब्याह पर्व त्यौहार एड़ियां रंगने के दिन
जैसे पंच तारा उत्सवों में लोक कलाकार
उस दिन एड़ी को शरीर का हिस्सा होने का एहसास होता है

यूं समझने वाले भांप लेते हैं
एड़ी देख कर शरीर का स्वास्थ्य
एड़ियां शरीर का मन जो होती हैं
जरा-सा मांज दो तो निखर आती हैं मुंह-चिक्कन

❐

पुण्य तिथि

सच है मां
कि नवम्बर चढ़ते ही तुमसे अधिक
तुम्हारे जाने की तिथि याद आती रही
पन्द्रह नवम्बर

सच है मां
कि आज तुम उतनी शिद्दत से याद नहीं आई
जितनी अनिवार्यता से तुम्हारी पुण्य तिथि
घटनायें पसे पर्दा हो जाती हैं
और तारीख़ें मंच प्रमुख
यादें तिथियों में ढलकर रिवाज़ बन जाती हैं

व्यस्त रहे हम सोच-सोच कर
कि कैसे मनाएं मां की पहली पुण्य तिथि
क्या हो घर में दिवंगत के हिसाब से

कैसे कोई समूचा सीमित हो जाता है फोटो में
सच है मां कि सीधे नहीं
तुम्हें याद करने के बहाने हमने याद किया तुम्हें
शायद शोक के भंवर से उबरने के लिए तुम्हारा
तारीख़ के तिनके में बदल जाना ज़रूरी भी था

❒

पता

हर पता सही पते तक नहीं पहुंचता

लावारिस होते हैं बहुत से पते
बेनामी सम्पत्तियों की तरह
कुछ ऐसे भी जिनका पता उन्हें भी नहीं
जिनके वे पते हैं

पते पर जाकर किसी का पता चल ही जाए
ज़रूरी नहीं

गली नं. सात
सम्भव है गली नं. आठ की पड़ोसन न हो
न हो मकान नं. एक सौ सत्ताइस
एक सौ छब्बीस का बगलगीर

सम्भव है पूरब दिशा में रहता हो अस्ताचलगामी
रैन बसेरे बसते हों दिवा-द्वीप में
उत्तर प्रदेश निवास करता हो प्रश्न प्रदेश में

पते और पहचान का घालमेल
विसंगितयों का तालमेल
और आपका सही जगह न पहुंच पाना
साबित कर दिया जाए नसीब का खेल

सम्भव है जो पता आप तलाश रहे हों
वह न मिले और आप टकरा जाएं पूर्व परिचित पते से
अरे आप यहां?
जी फलां को खोज रहा हूं
पता तो सही है
देखिए यहीं कहीं होगा कहकर आगे बढ़ जाए अपरिचित की तरह

प्रत्येक आगे बढ़ा पता अपने पीछे कई पते छोड़ जाता है
उन पतों के अंतर्विरोधों पर सर खपाते लापता हो जाते हैं आप
आप ग़लत पते पर सही को पोस्ट कर सकें
तो किसी में कोई पता ढूंढा जा सकता है

संन्यासी में बलात्कारी
दलाल में समाजसेवी
घामड़ में बुद्धिजीवी
सम्मान के पीछे पैसा
और राष्ट्र के आगे बाज़ार
किसी में किसी का पता ढूंढा जा सकता है
और बिना पते पर गए भी घोषित किया जा सकता है
कि पता ग़लत है

ऐप से ढूंढे जा सकते हों जब ऐब
तब भी सही पता ढूंढना मुश्किल होता जा रहा है
पता मिल भी जाए तो ज़रूरी नहीं पतेदार मिल ही जाए
यही तो ज़िंदगी का यथार्थ आध्यात्म है

कि जिसे नारायण समझ तलाशें आप
उसमें कोई नरपुंगव क़ाबिज़ मिले

लोक की तानाशाही का पता पूछते-पूछते
आप लोकतंत्र की तानाशाही से मुख़ातिब हो सकते हैं
'आज़ादी' या 'लोक निवास' हो सकता है
किसी तानाशाह का पता

पते की बात यह है कि अगूंठा निशानी हो गया है पता
स्थायी पता सिर्फ घुमंतू नम्बरों को ही पता है
वास्तविक पते से ज़्यादा कारगर हैं आभासी पते
मेल आई डी में विलुप्त डाक पते
मगर उसका क्या
कि पता पूछते जिसे आप खोज रहे हों
वह आपके सामने हो
और मोबाइल नाट रीचेबल बता रहा हो

❐

था और है

हर था को है मानना ही सांस्कारिक होना क्यों है भक्त?
हर है प्रगतिशील और हर था वृथा तो नहीं कामरेड!

जिसकी चिंता में गले जा रहे हो
कभी सोचा कि वह तुम्हारी कितनी चिंता करता है
उसकी सोच का हिस्सा क्यों नहीं बन पाए आज तक तुम

सब ख़राब से बेहतर है
यह मानना कि सब अच्छा नहीं
आधुनिकता पैजामे के भीतर रहे तो क्या बुरा है कवि?
बहुधा वदंति के उजाले में
अहम वदंति का टिमटिमाना!

भारतीय सौन्दर्य
या सौन्दर्य की भारतीयता!

यही कलावा बंधे हाथ कुदाल चलाते हैं प्रभु!
यही महावर रंगे पैर रिक्शा
यही तिलकित भाल जीवन सौन्दर्य पैदा करता है
यही घूंघट प्यार की प्यास बढ़ाता है भाई साहब!

कर्मकांड की ऊर्जा-बंधा समाज
हमें ऊर्जा देता है
परचम बनने के लिए ही नहीं
आंखों में फाहा देने के लिए भी आंचल का होना ज़रूरी है
दामन के बिना दुनिया अधूरी है
जैसे दुआ के बिना अधूरा है सलाम
और इन सब के बिना दमन का मुक़ाबला अधूरा है

❐

मान लो कि

पता है कि चांद न मामा है न प्रिया
न रोटी न शरद पूर्णिमा का अमृत-स्रोत
मगर मान लो कि है ही तो क्या बुरा

कुछ अधिक प्यारा लगा चांद
कुछ अधिक मीठी लगी खीर
कुछ अधिक प्यार जगा पति के लिए
कुछ अधिक चिंता जगी पत्नी के लिए
तो आपको ख़राब लगा क्या?

घिसी पिटी रोज़मर्रा ज़िन्दगी में कुछ नया
चिकचिकी ज़िंदगी में ख़ुश होने का बहाना
ख़ुश करने का चाव
अदृश्य से ऊर्जा और दृश्य से उपहार-भाव

दुनिया के सारे ज्ञान की पहली इबारत
यही 'मान लो' है

मान लो कि दुनिया बदल जाए तो कैसी होगी?
मान लो दुनिया न बदले तो क्या होगा?
मान लो घर फिर बाज़ार के चोले से
बाहर आ जाए तो कैसा रहे?

'मान लो' का निराकार ही हमारे होने का साकार है
सैयद चाचा चाचा तो नहीं
न ग्वालिन हमारी दादी
न धरती मां न सूरज देवता
न गंगा पतित पावनी न वृक्ष पिता
मगर यह रहते तो कितना अच्छा था
आज जितना है उससे कितना अच्छा!

❐

साठ पार

साठ का हो रहा हूं पहली बार
दुबारा नहीं हो सकूंगा साठ का

ऐसी क्या ख़ास बात है साठ का होने में
सिवा इसके कि अगले माह से नहीं छपेगी मेरी वेतन-पर्ची
वेतन पर्ची का बंद होना साठ का होना है
तो पत्नी तो कभी साठ की होंगी ही नहीं
छपी ही नहीं उनकी वेतन-पर्ची आज तक
कि बंद हो
बिना साठ का हुए साठ पार होने का दुख पत्नी ही जान सकती हैं

खेतिहर भी साठ के कभी नहीं होते
न दिहाड़ी मजदूर
न खाना कपड़ा पर रह रहे बंधुआ
न व्यापारी न डॉक्टर न वकील
उनके तो साठ पार होने का मतलब
सांसों की पर्ची कट जाना है

कई तो बिना साठ के हुए अस्सी नब्बे पार कर जाते हैं
किसी-किसी का साठ चालिसे पचास में पूरा हो जाता है
लीडरान तो कभी सठियाते ही नहीं
साठ वाला देश का प्रथम नागरिक हो
तो बाकी जमात की उम्र ही इकसठ से शुरू होगी!

सियासत में वेतन–पर्ची कट जाने के बाद भी
दुबारा साठ भीतर दाख़िले की गुंजाइश रहती है
यह बात मतदाता जानता है
पाठा शब्द ही गढ़ा है साठ से जुड़े मुहावरे के लिए
तो फिलहाल मैं साठ का हो रहा हूं पहली बार

मेरे लिए साठ का होना मेरे बंधक रखे आठ घण्टों का
मुक्त हो जाना है
आठ घंटों का पुनः चौबीस घंटों में शुमार हो जाना
जोड़ो जरा मोटीमोटा तीन सौ गुणे अड़तीस साल बराबर?
मतलब साठ का होने के लिए मुझे इतना ख़र्च करना पड़ा!

पता नहीं यह पृथ्वी कितनी बार साठ की हुई होगी
साठ का होना यदि निवृत्त होना है
तो पृथ्वी कई फेरा साठ की होकर भी साठ की नहीं हुई
ऐसा कुछ नया तो नहीं हुआ पृथ्वी के लिए
पृथ्वी पर
वही कोल्हू के बैल सी घूमती पृथ्वी
दिन रात पेरती

अगर पृथ्वी कोल्हू का बैल न होती तो?
बाप रे!
पत्नी का चेहरा सामने आ जाता है
न पेर रही होतीं वे पृथ्वी की तरह तो हमारा क्या होता?
अब ऐसा भी नहीं

कि बिना साठ का हुए कुछ होता ही नहीं
न पत्नी वही रहीं न पृथ्वी
न वो अल्हड़ आज़ाद उछलती कूदती नदियां
न वे मुस्टंडे पहाड़ न झबरीले जंगल
न सरेशाम आंखों में उतर आने वाला कजरौटा
न बात-बात बिना बात मनुहार
एक ही साठ में बदल गई पत्नी
कितने साठ सालों में बदली है पृथ्वी
पांच अरब भागे साठ का माथा-फोड़ू हिसाब
लोकगीतों के पास भी नहीं

भाई मैं तो दुबारा साठ का होने से रहा
पृथ्वी भले ही होती रहे

एक अदद साठ की औक़ात वाला मैं मनाता हूं
कि पृथ्वी साठ की कभी न हो
मेरी तरह सेवा निवृत्त

❑

लड़कियों की बाढ़

रूक ही नहीं रही लड़कियों की बाढ़!

झाड़-झंखाड़ की तरह
बिना खाए मेवा-मिष्ठान फल-फूल
केतनो बक्को ऊलजलूल
रूक ही नहीं रही लड़कियों की बाढ़

रोकने रगेदने की कोशिश करो
छेद डालो लड़कियों की आवाज़
सुलगा डालो अगरबत्ती की तरह
पांव पखारो चाहे आचमन कराओ सोमरस का
वास्ता दो शालीनता का
विसर्जित कर दो मर्यादाओं के तट पर
फिर भी बेहया के पौधों सी बढ़ती
घास की तरह पसरती
हवा की सरसराहट सी
दिमाग़ पर ठक-ठक करती आहट सी
रूक ही नहीं रही लड़कियों की बाढ़

दुनिया की सबसे गंदी गलीज़ गलियों सी
बढ़ती आ रहीं लड़कियां पूजा-पंडालों सी
आसमानी किताबों से चन्दन नहाए चमरौधे जूते
सलीब, चिताएं गुलमोहरी
संगसारी के फ़रमान सब चूल्हे में घुसेड़ देतीं
आंसुओं से लिख डालतीं सारी दास्तान
जिसे छिपा नहीं पता कोई जांच आयोग
न कोख, न शोक

न संस्कारों का फ़ौज-फाटा
देवी कहो
चांडालिन
चुड़ैल छिनाल
बिछा दो बाबाओं के जाल
नए-नए ख़याल की तरह बढ़ती आ रहीं लड़कियां

जलाओ
अगवा करो
चलती बस से खींच कर फाड़ डालो कपड़े
नोच डालो गर्भाशय
चीथड़े कर दो उनकी आत्माओं के
लड़कियां कपड़ों की तरह शरीर बदल लेती हैं

अवतार की तरह
किसका नाश करने बढ़ी आ रही है लड़कियां
सैलाब की तरह

रुदन के महीन तारों से गुंथी एकताबद्ध
नारों में तब्दील होती नारियां
न मार न काट कि बची रहे धरा
सलामत रहे मनुष्यता
गरिमा ग़ैरत ममत्व और स्व पर आधिपत्य
अधिकार मांगती लड़कियां सम्पत्ति नहीं सम्मान का अधिकार
हम ज़िंदा थे हम ज़िंदा हैं हम ज़िंदा रहेंगे

रुक ही नहीं रही लड़कियों की बाढ़
आगे आगे आगे
बढ़ी आ रहीं वक़्त को पछाड़

❐

सुनो प्रोफ़ेसर

वामपंथी होने का दाग़-धब्बा
रगड़ रगड़ कर साफ कर डालो प्रोफेसर
जैसे साफ़ किए ग़ालिब ने अपने जाम-ए-एहराम पर
कल रात काबा में पी गई शराब के धब्बे

हो जाती हैं बहुत सी नादानियां बचपन में
नारे-वारे बहा ले जाते हैं नए गरम खून को
जवानी का उछाल
इंकार! इंकार! इंकार!

ज़माने की नई नई चाल
स्वीकार! स्वीकार! स्वीकार!

जो बोलना हो खंखार कर बोलो प्रोफ़ेसर कवि
अब तो थिरा चुके हो
बताओ कि तुम किसके प्रवक्ता हो
अपने कि नियोक्ता के
कि पुरस्कार प्रयोक्ता के
कि लाठी गोली भोक्ता के

कौन 'कहां' से 'कैसे' पहुंचा साफ़ हो चुका है गुरुदेव
कौन 'कहां' से 'कैसे' पहुंचेगा साफ़ हो रहा है बुद्धिजीवी!
भाषा के आईने में तिरछे खड़े कहते हैं
'जस्ट सी मी'

छिपाओ ज्ञान की चाशनी में इरादों की जुमलेबाज़ी
कवि प्रोफेसर

छिपाओ कि छिप कर प्रकट होना ही कला है
आवाज़ों की आवाज़ नियंत्रित न कर पाए तो
काहे के प्रोफ़ेसर!
लहजे की सिकुड़न तय करती है गोपनीय रपट की
चटक मटक
बिगड़ा काम बन जाता है
ज़मीन पर गिरा ख़ून पान की पीक कहलाता है

❐

प्यारे बच्चों

ये वह दौर था बच्चों
जब अलगाव के अंधेरे
अपनेपन से चमकते थे

बर्तन बेगाने मगर स्वाद पहचाने
उसी चौके का खाना तामचीनी के बर्तनों में खाते गफ़ूर चाचा
और फूल की थाली में पिता जी
एक ही खटिया पर आड़े-आधे बैठकर
एक पानी के लिए पट्टी से झुकता
तो दूसरे का कटोरा इस पाली से उस पाली

हां यह वो दौर था
जब एक ही शहर में मेरी दादी मुसलमान
और तुम्हारी दादी हिन्दू हो सकती थीं
और दोनों सगी बहनें भी
हम मौसियों के दुलार में मस्त
मौज झटकने में अभ्यस्त
इनका मलीदा बेजोड़
उनका गुड़म्मा
मेरी अम्मी तुम्हारी अम्मा

ये वो पिछड़ा दौर था जब जमादारिन
हमारी चाची होती थीं और हकीम साहब बाबा

ये वो दौर था बच्चों
जब हम अलग-अलग हैं यह तब पता चलता
जब हमारे यहां निकाह होता और तुम्हारे यहां शादी
जब हमारे यहां ग़मी का सफ़र कब्रिस्तान होता
और तुम्हारे यहां राजघाट
लुंगी लपेट कर मैं न मुसलमान होता था
न धोती में तुम हिन्दू
तिवारी 'ऊ' सब खाकर फलाहारी हो सकते थे
और अंसारी शाकाहारी
जानवरों से प्यार था रिश्तेदारी नहीं
तुम्हारे यहां खिचड़ी चढ़ती थी हमारे यहां खिचड़ा

ये दौर वह था बच्चों
जब राम-राम का अर्थ सलाम हुआ करता था
और ख़ुदा हाफ़िज़ 'जीयत रहो'
शिष्टाचार और तमीज़ बहने थीं
सभाई और लीगी गले मिल सकते थे
धर्मनिरपेक्ष होने के लिए कम्युनिस्ट होना ज़रूरी नहीं था
परम्पराओं तले प्रगतिशील रहा जा सकता था

हम उजाले की तरह साफ़-साफ़ अलग थे
और अंधेरे की तरह प्रगाढ़, एक
यह वह दौर था जब झंडे लहराते थे डंडे नहीं
अब तो टो कर बताया जा सकता है

कि एस.के.आई. डबल एल. में से एस
गौरैए की तरह विलुप्त है
बचा के.आई. डबल एल तो वह गंगाजल की तरह अपवित्र

अब यह दौर है बच्चों कि ज़बान का मतलब जुम्ला है
और जुम्ले का अर्थ जुल्म

हमारी तो ढलान है बच्चों
तुम्हें अपनी चढ़ान देखनी है
ख़ुदा ख़ैर करे!

❐

बजरंगी

इधर भी उधर भी
मगर दोनों बजरंगी एक
पारी-पारा फ़रमान
रंग अलग भाषा बदली पर मसौदे एक
उतना ही देखो जितने की इजाज़त है
बाक़ी के लिए धर्म ख़तरे में

उतना ही सोचो
जितने में एक रंग रहने की सहूलियत है
बाक़ी के लिए जनवाद ख़तरे में

उतना ही सुनो
जितना प्रस्तावित है मंच से
बाक़ी के लिए निष्ठा ख़तरे में

उतना ही कहो
जितने में उन्हें थपड़ी बजाने में सुविधा हो
बाक़ी के लिए देश ख़तरे में

बजरंगियों!
तौलते रहो ईमान
नापते रहो आस्थाएं
कपार नोचते रहो

बटखरे बदलते रहो
कि ज्ञान की शुद्धता का मतलब अज्ञान है
एकमेव सत्य का मतलब ईश्वरीय फ्ऱाड
कुनबे की शुद्धता का मतलब फ़िरका परस्ती

किसी किताब के पन्नों के बीच
क्षेपक की तरह दिमाग़ रख के
सोचने से रहा देवेन्द्र आर्य

❒

एक बटे दो बराबर

बंटना एक प्रक्रिया है
अनिवार्यता भी

विकास ही नहीं कलाओं की दिशायें
विचारों की गुफाएं और संस्कारों की मुद्राएं बदलीं
बंटवारा जीवन की प्रगति का 'आधार' बन गया
लोग बढ़ेंगे, बंटेंगे बसेंगे
ख़रीदेंगे
ख़रीदने के लिए बिकेंगे
तो मुद्रा चलन में होगी मजबूत

सामूहिक नहीं, हर कोई सपना अपना गढ़ेगा
शेयर उछलेंगे मुनाफ़ा बढ़ेगा चढ़ावा चढ़ेगा

चार बटे दो का मतलब था
हम दो हमारे दो
अब हुआ हम दो हमारा एक का ख़याल नेक
चार बटे दो बराबर एक
एक का भागफल है विकास का भाग्यफल

अपना सूरज अपनी पृथ्वी
अपनी नदी अपना पानी
अपनी बिजली अपना नेटवर्क
अपना मजहब अपना परिवेश

अपनी ख़ुशी अपना वीरान
अपना अपना देश महान
कुछ भी साझा नहीं
न दिल न दर्द न भाषा न आशा
न ईमान न सामान न सम्मान

अब क्या है कि खुल गया है एक बटे दो का सिंहद्वार

दस बीस न सही
एक में कम से कम दो आदमी तो रहते ही हैं
आधा इंसान आधा हैवान
आधा दोस्त आधा दुश्मन

आधा संस्कार आधा बाज़ार
आधी नफ़रत आधा प्यार
आधे में ईमानदारी आधे में दुनियादारी
इसी में होशियारी

यूं भी आधे-आधे का युग्म
राधे-राधे से अधिक ज़्यादे ज़्यादे की याद दिलाता है
अर्द्धनारीश्वर की कल्पना साक्षात!

लो कर लो बात
टूटना बेशक बंटना हो
बंटना टूटना नहीं है मगर
एक बटे दो बराबर आधे आधे दो
बराबर राउण्ड आफ़ एक

❐

प्यार एक बेनामी सम्पत्ति है

जिसके नाम हो उसी की हो
ज़रूरी नहीं
प्यार एक बेनामी सम्पत्ति है
एक तरह का निवेश प्यार-पूंजी के लिए

यह जो मकान तुम्हारे नाम लिखाया गया है
नाम भर को तुम्हारा है
रजिस्ट्री की फ़ीस और आयकर बचाने के लिए
वरना किसी दरवाज़े पर कहीं 'कुन्ती निवास'
या 'सरोज-विला' लिखा न मिलता

तुम बस इतना याद रखो कि घर-भोज में
किसकी बीबी किस रंग की साड़ी में
क्या तोहफ़ा ले कर आई थी

यह जो दरवाज़े पर पीले के ऊपर काले से
तुम्हारा नाम लिखा है कनेक्शन संख्या और मीटर लोड
वह पता और पहचान की मजबूरी है
आख़िर तुम्हारा पता क्या है मेरे पते के अलावा
आधार संख्या तो केवल सरकारी पहचान है
गैस बुक कराने की आई.डी.
असली पहचान तो अलाने की बहू
फलाने की मां और ढेकाने की बीबी है

वरना क्यों किसी के कुछ पूछने पर तुम कहतीं कि पूछ कर बताती हूं
लैंगिक समाहार का उदाहरण है
स्त्रालिंग की पुलिंग पहचान

इ जो तुम सुबह-सुबह चमक कर टहलने जाती हो न!
हवाख़ोरी के लिए नहीं
दूध लाने के लिए है
कि घर के जगने पर समय से चाय बन सके
डॉक्टर की हिदायत भी पूरी
बाहर कदम रखने की आज़ादी का जश्न भी
तुम्हारी शाम मोहल्ले में गपियाने के लिए नहीं
सब्ज़ी लाने के लिए है
इधर-उधर आंख फेर चार गाल बतिया लो वह बोनस

कहां नहीं हो तुम
अगरबत्ती कपूर की तरह घर भर में
बेटे के स्कूल में भी तुम्हारा नाम दर्ज़ है
कि पैरेंट टीचर मीटिंग में नागा न होने पाए

और यह जो तुम्हारा बैंक खाता है न
वह इसलिए कि वेतन के बाद की कमाई कहां छिपाई
ए.टी.एम. तुम्हारा पिन कोड मेरा
कि तुम्हें कोई ठग न ले

इ जो मोबाइल हाथ में थामे बबुआइन बनी हो
केवल इसलिए कि कहां हो?
और ज़रूरत पड़ने पर सौ नम्बर मिला सको

प्यार आख़िर है क्या?
सब कुछ अपना मगर अपना कुछ नहीं

वैराग्य आध्यात्म और आधुनिकता एक साथ
ये हैं पुरुषों के प्यार निवेश की रंगीन झांकियां
औरतों का आत्मविश्वास बढ़ाने के देसी नुस्खे
मगर ध्यान रहे
आत्मविश्वास उतना ही जितने में पति का विश्वास न टूटे
हमारे यहां तीन तलाक का लम्बा चक्कर नहीं
समझीं!

❒

घर

तुम घर उठा सकते हो
बना नहीं सकते

बना लो बेशक
बसा नहीं सकते

घर को घर से निकाल कर
दिल में बसाना तुम्हारे बस का नहीं
दूधो नहलाने और पूतो फलाने का हुनर
सिर्फ़ औरत जानती है

औरत को ही आता है प्यार करते हुए भी
खौलते दूध पर निगाह रखना
नफ़रत करते हुए भी सब्ज़ी लग जाने से बचाना
उदास रहते भी मुस्कुरा कर स्वागत करना

तुम सपने देख सकते हो मगर
सपनों को छानना-पछोरना सिर्फ़ औरत जानती है

घर एक हसीन सपना है
जो आकाश को धरती पर टिकाता है
और धरती को आकाश तक उठाता है

घर में रहकर घर से मुक्त रहने की कला
तुमने सीखी है
अब औरत सीख रही है घर बसा कर भी
घर तक सीमित न रह जाने का हुनर
इसमें तुम्हारे सहयोग की ज़रूरत है
दोगे न!

❒

मौत का कोई शीर्षक नहीं होता

(गोरखपुर मेडिकल कालेज में ऑक्सीजन की कमी के कारण मरे इंसेफेलाइटिस के बच्चों को श्रद्धांजलि)

तेरी नालायक़ी यह है कफ़ील
कि तेरे कारण हमारी नालायक़ी उजागर हो गई
मुसलमान कहीं का!

कम थे मरीज क्या तेरे नर्सिंग होम में
या नींद नहीं आ रही थी उस रात कि चला आया
मसीहा बन बच्चों की घुटती सांसें बचाने
अब गिन अपनी सांसें
ऐसी सजा देंगे कि ख़ाली आक्सीजन सिलिण्डर भी बोल उठेंगे
हम तो लबालब भरे हैं मालिक
रिसने को तैयार

इतनी कमज़ोर नहीं है नाक हमारी कफ़ील
कि बच्चें काट ले जाएं
अब तो वह इलाज होगा कि पानी बोल उठेगा
मैं इतना बेपानी नहीं सरकार
कि आपके सरोवर से दगा करूं
मैं तो जापान कभी गया ही नहीं कि बुखार बटोर लाऊं
बुखारा से मेरा कोई ताल्लुक़ ही नहीं
मैं तो कब का टीका जा चुका हूं
देख लें अपना रजिस्टर
असल में टीके का खेल तो फेल किया राप्ती ने
राप्ती थरथराने लगी
कसम राम लला की

मैं तो मान की बेला में गोरखपुर थी ही नहीं
डर के मारे चली गई थी असम फिर बिहार रिश्तेदारी में
मेधा आंटी से डर लगता है मुझे
कब नर्मदा दीदी को छोड़ मेरे पीछे पड़ जाएं!

मैं ठहरी नमामि गंगे की
सच कहती हूं सारा खेल हवा का है
उसी ने आपके ख़िलाफ़ साजिश की है
कि दमघुट कर मर जाएं बच्चे
इतना भी कम नहीं था अनुदान
कि आक्सीजन पर भारी पड़ जाए पिछवाड़े की हवा

वाह री हवा!
इसी रात के लिए महंती छोड़ बनाया तुझे मंत्री
रोज तुझे बछड़ों की तरह सहलाता था
इसी दिन के लिए
कि जोगी से मोहब्बत करते करते वियोगी हो जाए
रोज़ देशी घी और अगरबत्ती का धुंआ पिलाया
भेजे तेरे पास मेवा मिष्ठान अग्नि के हाथों
इसी दिन के लिए म्लेछिन!

ऐसा न कहें सरकार
हवा तो अभी भी आपकी ही है
आपकी ही पालकी ढो रही हवा
इ ससुर अगस्तवा सब गड़बड़ किए है
कई बार टोका कि सावन में साग और भादों में
दही की चिंता न कर
दिमाग़ की चिंता कर कि कहीं मुंह फुलाकर न बैठ जाए
मगर हुआ वही

वैसे गलती बेचारी हवा की भी नहीं
हवा तो निकलनी ही थी हवा-प्रधान की
पूछ लो कलेक्टर साहब से
अब तो लाल किला भी जान गया है
कि जब से विपदा को आपदा का ख़िताब मिला
उसका दिमाग़ फूल कर कुप्पा हो गया
बड़े तो नहीं फंसे
फुसला लिया बच्चों के दिमाग़ को
संस्कारों की कमी होगी तो यही होगा न!

ज़िद्दी होते हैं बच्चे
मरने की ठान ली तो ठान ली
न जीने की फ़िक्र न मरने का ग़म
ख़ामख़ाह उनके चक्कर में बदनाम हुए हम

ख़ैर छोड़ो
बाबा गोरखनाथ की कसम
ऐसी सजा देंगे मौत को हवा देने वालों को
कि डाक्टर इलाज करना भूल जाएं
और रोगी डाक्टर के पास जाना
एक ही इलाज होगा हाथ दिखाना
जाप करना और योगियाना
बुखार छूट जाएगा बुखार को

न रहेगा पानी, न उगेगा धान
न जाएगी मासूमों की जान
है न मेरा देश महान!

❐

ख़ाली घर

ख़ाली घर बजता है अलग तरह से
जैसे बजता है सन्नाटा

ख़ाली घर जैसे खुदी हुई कोई कब्र ताज़ा

उई सी चिहुंक उठीं छू भर गई दीवारें
अनायास हाथ चला जाए जैसे फोड़े पर
छू गया हो जैसे अंधियारे में कोई
पंख फड़फड़ाती सन्नाटे में उड़ी कोई आशंका
झनझना उठता है ख़ाली घर दाढ़ में दर्द सा

दरवाज़े खोलो तो खुलते भड़ाक से
एक अनचाही आवाज़
चिटकिनी गजभरन रुठे बच्चों से
गुस्से में भरे फूट पड़ते हैं
ख़ाली घर ढिंढोरा पीटता है अपने ख़ाली होने का

सहमी सी चिपकी धूल किताबों कविताओं पर
खलिहर पड़े शब्द
सन्नाटेदार सपने
तेलउस बालों सी गंध
बिस्तर पर तुड़ी-मुड़ी चादर सा अलसाया घर
सिंक में पड़े जूठे बर्तनों सा इत्मीनान

कैसरोल में रखी कई दिनी पूड़ियों सा महकता
ख़ाली घर बासी-बासी
सिमटी-सिमटी सी ख़ामोशी अनकती हर आहट पर
ध्वनियों से कई गुना मनबढ़ प्रतिध्वनियां
ख़ाली घर
लगता है कर रहा गुज़ारा कोई पेंशन पर

बंद बंद आवाज़ें
मतलब भर मतलब
खिड़की के शीशों पर चोंच मारते पंछी
चाह रहे चिटक उठे सन्नाटा लटके चमगादड़ सा
मकड़ी के जाले सा
फेसबुकी मित्रों से भरा-भरा ख़ाली घर

ख़ाली घर वजन ही नहीं जैसे
हल्लुक सा कुन्तल भर का बोरा
गाता हो जैसे निर्वात
ख़ाली घर जहां कहीं जाता है
हरे-भरे में भी बो आता है ख़ालीपन
क्या घर बनवाया 'आशावरी'
सुनकर थोड़ा सा भर जाता है ख़ाली घर

सीख रहा ख़ाली घर ख़ाली-ख़ाली रहना
यह भी न समझे कोई ख़ाली-ख़ाली हूं मैं

बाहर से आओ तो अचकचाते हैं ताले
बूढ़ी आंखों वाले
आप कौन?...
अच्छा अच्छा सॉरी... देख नहीं पाया
चोरी-चकारी का डर रहता है मालिक
हिला-डुला तालों को
एक बल्ब जला छोड़ जगता है घर की रखवाली में
ख़ाली घर

ख़ाली घर बजता है अलग तरह से जैसे
बजती है थाली भूख के अतल में
या जैसे बजते हैं घिसे हुए घुटने
बजती है बच्चों से हरे-भरे घरवाली
स्मृतियों की ताली पनियाई आंखों में
खुशियां पगुराता है ख़ाली घर
ख़ाली घर
इंतज़ार में होता जाता है ख़ाली
लौटेगा भरा-पुरा एक दिन
झक सफेद चादर में लिपटे ख़ाली घर में

❐

जाग मछंदर

कभी ऐसा भी होता है
कि आपके आंसू निकलें ही न
और पोछने वाले हाज़िर बेताब

कभी यह भी कि नाम अंधेरा हो और काम उजाला
ठेठ बनारसी पूछेगा
अबे कउन कहत रहा भो... वाला

कभी यह भी कि होता कुछ नहीं
और अब हुआ कि तब हुआ की प्रतीक्षा में
हम मायूस मनाते हैं कि साला कुछ हो ही जाए
मसलन लोहे के टट्टर पर बांस का ताला

सब संभव है लाला
यज्ञ में वह ताकत है कि उसके धुंए से
साफ़ हो जाता है आंखों का जाला

कभी ऐसा भी होता है कि नीचे वाले सोचते हैं
परेशान है ऊपरवाला
और वह मौज में गिलौरी दाबे
तिकड़म का तीन बीनता रहता है

बोल लो बोल लो!
गोरखपुर के बाहर हो न
इहां तो रहना है तो कहना होगा...
पड़ा है उ कविता से पाला
कि सोझे मछन्दरे याद आ रहे हैं

❒

फलश्रुति

पेड़ से नहीं पता चलता कि फल कैसा होगा
फल बताता है कि पेड़ कैसा है

पेड़ और फल के दरम्यान मौसम है
भूख है
कर्ज़ है
खाद है
कार्बाइड है
चिड़ियाएं हैं
ढेले हैं बाजार के मेले हैं

नदियां भले न बता पाएं पहाड़ों का भविष्य
पहाड़ बांचते हैं नदियों का वर्तमान

गंगा और ग्लैशियर के बीच जंगल है
बिजली है
विकास है
मंगल भवन और अमंगहारी हैं
सफाई अभियान हैं
नीतियां दुधारी हैं

आपको देख कर
आपके पिता की परछाई नहीं नापी जा सकती श्रीमान!

मगर आपके बेटे को पढ़कर
आपका बुढ़ापा जरूर पढ़ा जा सकता है

बाप के बाप
और बेटे के बेटे के बीच पीढ़ियां हैं
ज़रूरतें हैं
आस्थायें
आतंक है
समय है
धन है धौंस है आपाधापी है

फलश्रुति यह कि जो कविता आप कालजयी बता रहे हैं
उसकी उम्र बमुश्किल किसी चैनल के प्राइम टाइम
जितनी है
और प्रभाव
वेतन आयोग की रिपोर्ट जितना

❐

किराएदारिन का बच्चा

दोपहर में चली आती है
बहू की उम्र
गोद में गदेला
गोल मटोल प्यारा-सा

आंटी जी इसे पकड़ लीजिए
तंग कर रहा है
काम खतम करके ले जाउंगी

अनचिन नहीं मनाता
गींजों तो लार चुआता हंसता
बच्चे की लार चाटी है कभी?
कभी अपनी नाक चटाई है उसे
कभी बच्चे को हवा में उछाला है?
बुढ़ापे को उछलते और बचपन की गोद में
हुलसते देखा है?
उम्र का सूनापन खिलखिलाते खिलखिलाते
घुटनों पर सो जाता

'सुनो बहू
दे जाया करो इसे'

नहीं आती कि क्या सोचेंगी
कभी-कभी संकोच करती है तो पत्नी
ऊपर की खिड़की से खुद ही आंगन में झांक
आवाज़ लगाती हैं मनू ए मनू ऽ ऽ

परक गया है घुमक्कड़ कहीं का
अपनी भाषा में गों-गां करके जवाब देता है
नन्हें-नन्हें हाथों दादी का दूध टटोलता है
फिर हंसता है
जैसे समझ रहा हो यही है
यही है ख़ज़ाना
पेट में घुसा लेती हैं और कोख में महसूस करतीं
पुचकारतीं जैसे अपना ही पोता हो

पोते की ही तो उम्र है उसकी
नौकरी की मजबूरी कि तीनों यहां किराए पर रहते हैं
अपने घर से दूर
कैसे दिल लगता होगा वहां इसके दादा-दादी का
एक ठो मुहबोलुआ बिना कलपते होंगे

मेरा भी मनु तो किराए पर ही है वहां
और यहां मलिक मकान बूढ़ा-बूढ़ी अकेले
बुढ़ैती में आदमी ख़ाली मकान होके रह जाता है
पता नहीं मनु की मकान मालकिन
मेरी बहू को मानती हैं या नहीं
मानती ही होंगी
है भी तो वह ऐसी

बिलकुल यहां किराएदारिन-सी प्यारी चलफर
उम्र भी वही

चलो, एक मिनट को बहू को भले न माने
पर मेरे पोते को ज़रूर खेलाती होंगी
अपने पोते की तरह
हूक-सी उठती है कलेजे में
मेरा पोता!
अब तो घुटनों पर भागता होगा बदमाश!

दुनिया सचमुच गोल है
कहीं का मकान मालिक
कहीं का किराएदार!
किसी किराएदार के बच्चे से अपना शौक़ पूरा करती
कोई मकान मालकिन
और किसी मकान मालकिन का बच्चा खेलाती
कोई और मकान मालकिन
बच्चे का शौक़ और गाढ़ा हो जाता है
बुढ़ापे में

इधर जबसे सुना है किराएदारिन
मकान ख़ाली कर रही हैं
पत्नी उदास रहने लगी हैं

❐

कीर्ति फल

अगर कीर्ति का फल चखना है
कवि को एक अदद आलोचक का जुगाड़ करना ही होगा
प्रति कविता प्रति लेख
जहां सौदा पट जाए
कुछ जाए तो कुछ तो आए

अदबी दुनिया से आए तो
साथ में आलोचक लाए हो?
अगर कीर्ति फल चखना है
समझ रहे हो न देवेंदर!
मुफ़्त में थोड़े होता है कुछ

क्या करना होगा नागार्जुन तुम्हीं कहो न!
गाइड़ कर दो करना क्या है
अब तो पचता नहीं किसी को भी देशी घी
यूं कम गाढ़े में थोड़े हैं आलोचक भी
फट से बिल्ला लग जाता है

उलट गया है कुछ-कुछ मौसम
अगर कीर्ति का फल चखना है आलोचक को
कवि को ही ख़ुश करना होगा
बड़े करेड़ पदों पर काबिज़ हो गए वे भी सब साले

अगर चाटनी कीर्ति-मलाई
कविता का मुंह ढंकना होगा
मुंह मत खुलवाओ आलोचक जी! ❐

सेवा माने क्या?

सेवा माने सबर

❍

नदी हेलकर जाती थी जनता उस पार
धरना-प्रदर्शन करते-करते घिस गई पुकार
तब जाकर मुद्दा बना वोट का
पुल माने वोट!
सबसे बड़ी बोली लगाने वाले को मिला सेवा का ठेका

खादी रंग रिबाकधारी ने उतारी वोट की आरती
तीसरे साल हुआ पुल का पथर गड़वा समारोह
बियाह लगन के ख़र्च जेतना बड़ा-बड़ा विज्ञापन
क्षेत्र की जनता को एतना करोड़ की पुल की सौग़ात
विपक्षी खा गए मात
वोटों की चरमराती फसल फिर एक बार हरियाई

सेवा माने वादा

❍

नगिचा गया अगला चुनाव
संन्यासी हो गया शीलान्यासी पत्थर
उग आई भूअर घासें
पथराई आंखें
खोंड़री हो गई बसियाई उम्मीदें
अबकी बार सेवा का मौक़ा
जीते तो खड़े पुल का तोहफ़ा

सेवा माने सफाचट्ट

○

सौग़ात! इमदाद!! तोहफ़ा!!!
ये सेवा के सामाजिक रंग-व्यापार हैं
बहते पानी में भी भाषा का अपना पानी है
तभी तो भाषा बहता पानी है
प्यास से मिलकर भाषा बनती भाव
भाव की भाषा भंगिमा
भंगिमा ही तय करती सेवा की तौल

भाषा के अपने राजनैतिक रंग हैं
और सेवा के अपने रंग-ढंग
हरा नीला केसरिया कभी लाल
सब मिलकर रंगहीन सफाचट्ट सफ़ेद
जैसे मंगरू के हाथ में वेद

सेवा माने सर्विस टैक्स

○

वोट की राजनैतिक भाषा का नाम है सेवा
जैसे सेवा की सामाजिक भाषा का नाम है लोकतंत्र
और सेवा की धार्मिक भाषा का नाम है कार सेवा
सेवा की मनोवैज्ञानिक भाषा देशभक्ति
सेवा की आभासी भाषा माने विकास
और स्वदेशी भाषा एफ.डी.आई.
और सेवा की सांस्कृतिक भाषा का नाम गाय गंगा गीता
सेवा की लाचारी भाषा का नाम है धरना-प्रदर्शन
सेवा की व्यवहारी भाषा का नाम है सेवा-कर

सेवा माने हैसियत

❍

बोलो कितने करोड़ दे दूं
एक करोड़! पांच करोड़!! दस करोड़!!! सौ करोड़!!!!
आन के धन पर कनवा राजा
बोलियां लगती रहीं हैसियत के अनुसार
एहसान होता रहा

सेवा माने फण्ड
फण्ड माने वोट
समस्या वोट में बदलती है और वोट फंड में
नदी से उलीच कर पानी मिलाया गया सेवा में
कि पच जाए

सेवा माने गणित

❍

सीधा फंडा है सेवा के फंड का
पुल के कुल फंड का आधा नदी पर खर्च होगा
आधा बचा नदी में बहेगा
जिलाए जाएंगे इंजीनियर फंड चटा-चटा के
ठेकेदार विधायक पार्टी कार्यकर्ता
फंड के कुछ टुकड़े मीडिया को भी
खाएंगे तो भौकेंगे नहीं
पेट-पर्दा सबका है
सो आधा-पेट खाकर सेवा सौग़ात नहीं तो क्या है?

सेवा माने जुट्ठा

❍

भोजभात हो और जूठन न गिरे!
फिर यह तो विकास का महाभोज है मन्नू!
जुट्ठा तो गिरेगा ही जानता है भंडारी
किलनी के डर से कौन फेंकता है केथड़ी!

सेवा माने सौग़त

❍

केवटी दाल और सतमेरवा सरकार की तरह है
सेवा-भाषा
वक़्त के अनुसार गढ़ी जाती
राजनीति विहीन राजनीति की भाषा विहीन भाषा
सेवा विहीन सेवा यानी सौग़ात
तोहफ़ा लो
तोहफ़ा दो

बूथ-बूथ यूथ वोट वर्कर
सेक्स वर्कर की तरह
भीड़ प्रबंधक
वोट देना संवैधानिक कर्तव्य
और वोट का अपहरण राजनैतिक कुशलता
नहीं देंगे तब भी लोकतंत्री मशीन गढ़ लेगी वोट
जीतेगा कोई न कोई सेवादार अंगूठा छाप ही नहीं ओहदेदार
हुआ करे सेवा के ताल में सेवार ही सेवार

सेवा माने क़ीमत

❍

सरकार बनेगी ही बनेगी
टैक्स लगेंगे ही लगेंगे
फंड आएंगे ही आएंगे
कर्ज़ बटेंगे ही बटेंगे
अंगूठे लगेंगे ही लगेंगे कागज़ पर
नहीं तो मशीन पर
तो जउन नीक-बाउर सेवा हो जाए उहे बहुत
नेवता-हकारी और नोट-वोट की रिश्तेदारी
चलती रही है चलती रहेगी

कउनो रंग हो सेवा का
नीला हरा लाल पीला
फसरी लगाने से बेहतर है वोट की क़ीमत लगाना

बचा ठांय-ठांय तो उ तो हइए है
मगर कहने को संविधान की कसम
पांच सौ पैंतालिसों कहते हैं कि उसी हमाम में
सब रहते हैं सो ठीक नहीं... डाट डाट डाट

मिलजुल के पारा पारी
पुल हमारा नदी तुम्हारी

❐

सुनो कविता

अच्छा कवि होता तो मेरी कविताओं के पीछे से बोलता
कोई बड़ा कवि सुनाई पड़ता
कोई बोध कोई सिंह कोई नाथ

न कोई ढब न ढर्रा न लयविहीन कोई अनुगूंज
काव्य समावेशी न कवि समावेशी मेरी कविताएं
न इनकी वाली न उनकी वाली
न अर्ध-निमीलित ग़ज़लों की तरह
न ढेलामार
किसी का उद्धार भी नहीं मेरी कविताओं से

अच्छा कवि नहीं हूं मैं
न तुम्हें शाल ओढ़वा सकता हूं
न किसी संस्थान के बरामदे में सेट करा सकता हूं
किसी अकादमी के पिछवाड़े

शायद कवि ही नहीं
कवि कौन जिसके साथ न वर न कोई दर न राज

न पावदान न पीकदान गुरु का
पुल नहीं बनती मेरी कविताएं
न मत्था टेकतीं
शब्द भी तो जैसे धूल उड़ाती गौरैया

कविताओं की गर्द से ठिठकना पड़ता है लोगों को
वाक्य ऐसे नहीं कि पतली कमर पर छलकत गगरी
वाक्य ऐसे जैसे पानी के टैंकर प्यास बुझा रहे हों
लाइन में लगे पीपे कनस्तर पेंट की बाल्टियां
भाषा ऐसी जैसे तने हुए तार में बहती हो बिजली
सटला कि गइला बेटा!

न कहीं सूप कुदाल चइला न चइता
कि लोक बखाना जा सके
विषय इतने मामूली जैसे दतखोदनी

न क्रांति की चौंध
न कला-कमीनगी की छौंक
अब घोड़े को घोड़े की तरह ही दिखाते हुसैन
तो मकबूल हो पाते भला?

न मैं किसी गुट में हूं न ही काव्य प्रदेश का निर्गुट
मेरे लिए चर्चाएं चारा बनकर नहीं आतीं न सम्मान चुग्गा
कुछ तो ऐसा होता है कविता में जो नहीं होता मेरे यहां
कि मैं मान लिया जाऊं अच्छा कवि
चर्चा में होना शायद अच्छे कवि की शर्त हो
मगर चर्चाएं यदि मंचीय सफलताओं की तरह पेश हो रही हों तब?

आख़िर वह क्या है जिसके न होने से कोई कविता
अच्छी कविता नहीं होती

कहीं उसका नाम पीठ तो नहीं?
अब कविता पेट पर तो चिपकने से रही

कहीं ऐसा तो नहीं
कि मेरे अच्छे कवि न गिने जाने का कारण
तुम खुद हो कविता
डबल क्रास
इधर भी उधर भी
ज़रूरी कवि होना और अच्छा कवि होना
और अच्छों की फ़ेहरिश्त में होना
कहीं अलग-अलग तो नहीं!

फिलहाल मैं कबूल करता हूं कि मैं अच्छा कवि नहीं
भले तुम्हे मेरा यह कहना मेरी कुंठा लगती हो कविता!

❐

(इस कविता को लिखते समय मित्र कवि-आलोचक गणेश पांडे बहुत याद आए)

आस्तिक नहीं हूं मैं

ईश्वर पर मेरी कोई आस्था नहीं
पत्नी को है अटूट
मैं पत्नी की आस्था का सम्मान करता हूं
उसका दिया प्रसाद माथे से लगाकर ग्रहण करता हूं
मिसरी ही सही

आप चाहें तो कह लें कि मैं नास्तिक नहीं हूं
पर मैं जानता हूं मैं आस्तिक नहीं हूं
होने से ज़्यादा दिखना ही ढकोसला है
कलावा बंधवा लेने से बड़ा ढकोसला

ईश्वर के होने न होने का
हम दोनों के होने पर कोई असर नहीं
फिर आपको क्यों है?

यही हमारा प्रेम है विपरीत ध्रुवी
न वह ब्रह्म भोज का समर्थन करती है
न कुम्भ स्नान की ज़िद
न मैं उसके पूजा का विरोध करता हूं
न व्रत में अवरोध

हमारे दाम्पत्य प्रेम के लिए
ईश्वरीय प्रेम आवश्यक नहीं
मुझे पत्नी के होने से ताक़त मिलती है
उसे भगवान के होने से

जैसे कोई दूर का रिश्तेदार बहुत दूर का
न कभी आया न बुलाया
पत्नी को उसकी मां ने बताया
और उसने बच्चों को
चन्दा मामा की तरह

लगता है कुल परेशानी चन्दा के मामा होने
न होने से है
अब अगर मामा हैं तो ठीक
और नहीं हैं तो नुकसान क्या
न होने से बेहतर कोई है तो सही
क्या पता भूले-भटके कभी खोज-ख़बर ले ही

❐

मैं तुम्हें माफ़ करता हूं पिता

(तमाम पिता भक्तों से माज़रत के साथ)

पैदा करना ही पिता होना है तो मैं भी पिता हूं
पाल देना ही पिता होना है
तो मुझे भी पिता समझिए
कुछ रोटियां कुछ कपड़े कुछ दवाइयां
बिना बचपन पुराए बच्चों को बड़ा किया है मैंने भी

फ़ीस भर देना ही पढ़ा देना है
तो मैं भी बेहतर पिता आब्लीक अभिभावक हूं
स्कूल पुस्तिकाओं में
ज़िंदगी भर छुछुआते रहे अपने सपनों को
बेटों की आंखों में लादकर
उन्हें दुनियावी घुड़दौड़ में शामिल कर देना ही पिता होना है
तो हां मैं भी ज़िम्मेदार पिता हूं

समय से हाथ पीले कर देना ही अंतिम कर्तव्य है
तो मैं भी जागरूक पिता हूं
थोड़ा देर सबेर ही सही मैंने भी दान की है बेटी
आगे उसकी क़िस्मत!

फिर मुझे क्यों इतने के बाद भी लगता है
कि मैं पिता नहीं हूं

❍

पिता होना किसान होना है
मेरे पास हैं तो खेत
खेती-किसानी फसलें चउए
झुरझुर बहती हवाओं सी महर-महर यादें
खुले आसमान से दिन और ढंके आसमान सी रातें
पसीना गिर कर मिट्टी होता है मेरा भी
तो क्या मैं किसान हूं?

किसान होना पिता होना है
जिसमें शामिल है अब ख़ुदकुशी भी

❍

पिता एक परंपरा का नाम है
तमाम पिताओं ने पिता होने की परंपरा निभाई
तमाम परंपराएं पिता की तरह हमारे साथ जुड़ी हैं
परंपराओं पर तो पुनर्विचार हो रहा है
पिताओं पर नहीं

❍

पता नहीं कैसे
मह-मह महकते हैं सबके पिता कविताओं में
मुझे तो बीड़ी-सुर्ती की गंध आती है
एक भभका घुसता है कच्ची का और हम
सहम जाते हैं
आ गए पिता हमारे!

❍

अव्यवस्थाओं के बीच एक व्यवस्था हैं पिता
अव्यवस्था जिसे ही हम बारहा व्यवस्था मान लेते हैं
पिता यानी यह नहीं
वह नहीं
वह तो बिलकुल नहीं
और नहीं तो नहीं

पिता माने बदनामी का स्थाई डर
क्या कहेंगे लोग को तरजीह देना
नाक ऊंची रखने के लिए कसीं कितनी बेड़ियां पिता ने
हमें अच्छा बनाने के नाम पर

कुटती पिसती लात खाती औरतें
घर के बाहर पति की बड़ाई ही करती फिरती हैं
चाहे लाजन चाहे डरन
कहीं यहीं सच पिता के साथ भी तो नहीं
❍

रोबदार पिता और मेरी उम्र की लड़की
छिः
मुझे तो घिन आती है पिता को छूते
❍

पिता यानी डर
वे इस कोने तो हम उस कोने
पिता से प्यार यानी हाड़ कांपना

एक खुर्राट हवा तैरती रहती पूरे घर में
मगर वही पिता पड़ोस में वैसे नहीं रहते जैसे घर में
बड़े विनम्र शालीन बच्चों को पुचकारते
यानी एक पिता में कई पिता!
मेरे पिता अलग
भइया के अलग बहन के अलग
अम्मा के लिए वही पिता...

पिता को क्या
कब और कितना बताना है
यह मां तय करती बाक़ी उसके पेट में

पिता की असली तस्वीर होती है पति
जिसे उजागर होने में पीढ़ियां लगती हैं

पिता हमारे कितने हो पाते हैं
कुछ वक़्त छेंक लेता है कुछ मां
कुछ दादी कुछ थकान
कुछ ढंक लेते अख़बार कुछ किचकिच कुछ प्रतिष्ठा
मजबूरी नौकरी परेशानी रिश्तेदारी शोहरत इज़्ज़त
महंगाई गृहस्थी या कोई फलां वाला चक्कर...
समय नहीं पिता के पास हमारे लिए
शायद हमारे पास भी समय नहीं पिता के लिए
कितनी कमज़ोर दीवारों पर टिकी है छत!

पिता को भी मिले होंगे ऐसे ही पिता बचपन में

कैसे काटा होगा उन्होंने अपना लड़कपन
कैसे बचाकर रख पाए होंगे एक नरम कोना मन में
कोई टीसती
दर्दभरी याद अनजाने चिलक उठती
जब पिता दुलार भरी नरम आवाज़ में पुकारते-बेटा!
सुना सुना सा यह शब्द नया नया सा लगता
जैसे आत्मा ने पहन लिए हों नए कपड़े
मेघ बताते कि सात नहीं आठ सुर होते हैं सरगम में
जैसे बांदा की सूखी-प्यासी धरती पर गिरी हो एक बूंद
आंसू की

❍

तुमने मुझे जो दिया
वह उससे कहीं ज़्यादा है जो नहीं दिया
तुम्हारी आंखों में एक गुमान था
अपने इस नालायक के लिए
ज़िंदगी भर का कोसना एक तरफ़
और आंखों की ओट मुझे बखानती वो मुस्कान एक तरफ़

पिता होना मगर पिता होने के नरम अहसास को
छिपाए रखना
यही पिताओं का हुनर है
शायद
जिसे मांए ज़िंदगी भर नहीं सीख पातीं

तुम्हारी ही देन है पिता
कि मैं अपने पितापन में वह ला सका

जिसके लिए तुम्हें ज़िंदगी भर अनकहा अफ़सोस था
❍
पिता भगवान नहीं कि उन्हें अगरबत्ती दिखाई जाए
अगरबत्ती दिखाने से पिता भगवान हो जाते हैं
पिता तो पिता हैं जिन्हें प्यार भी किया जा सकता है
और नफरत भी
मैं तुम्हें माफ़ करता हूं पिता
उन तमाम नफ़रतों के लिए
जिसके लिए तुम्हारे पिता ने तुम्हें माफ़ नहीं किया

जब कोई बेटा अपने पिता को माफ़ करता है
तो वहीं से शुरू होती है
बेटे के अच्छे पिता बनने की संभावना

मैं तुम्हें माफ़ करता हूं पिता
क्यों कि मैं तुम्हें प्यार करता हूं

❐

किताब ख़रीद कर पढ़ना चाहता हूं

किताब ख़रीद कर पढ़ना चाहता हूं
मगर हिनाई महसूस होती है
ख़रीद कर पढ़ूं मतलब साहित्यकार हूं टुटपुंजिया
यशः प्रार्थी
न अध्यक्षता लायक न समीक्षक न लोकार्पणकर्ता
यह सब होता तो लोग चिरौरी की मुद्रा में
सादर समर्पित न करते अपनी किताब!

ख़रीद कर वे नहीं पढ़ते जिनकी कोई हैसियत होती है
जिनकी हैसियत होती है
वे मुफ़्त मिली किताब कभी नहीं पढ़ते

किसी किताब की दूकान पर
किसी बड़े साहित्यकार को कभी जेब में हाथ डालते
देखा है आपने?

अव्वल तो वे खादी सिल्क का कुर्ता पहनते हैं
बर्राख
जिसमें पर्स रखो तो जेब साली लटक जाती है
बड़ा ख़राब लगता है लटका-लटका
दोयम यह
कि नाम के आगे डाक्टर किसलिए लगा है?

सो बेहतर है
पी.एफ. निकाल कर छपवाई जाएं किताबें
चढ़ावे की तरह चढ़ाई जाएं साहित्य के बाबाओं को
और फिर वहां से पहुंचें रद्दीवालों के पास
जैसे भव्य मंदिरों में चढ़े लड्डू
घुम-फिर कर उन्हीं दुकानों में पहुंच जाते हैं
जहां से वे ख़रीदे गए थे

मैं समीक्षार्थ समर्पित पुस्तकें
अधिया पर ले आता हूं
इस उम्मीद में कि किताब ख़रीद कर पढ़ने की मेरी हिनाई
एक न एक दिन ख़त्म होगी ज़रूर

❐

गंगा

गंगा वही तो नहीं जो दिख रही है
यह तो पानी है
पानी क्या मैल हाथों का जो बह रहा है
पैसे की तरह

गंगाः
यानी, पैसों का चूसा पानी

डूब गई गंगा
भक्ति के गटर में

फूल फल रहे भक्त
पोथी-आसक्त हम आरती मन्नत
जयकार के भरोसे
गंगा उदासः
मां की तरह उदासी छिपाए बेटों से

कभी आंगन-आंगन चूल्हों से सट कर बहती
मन के आध्यात्म को सींचती
आकाश को धरती पर उतारती गंगा
सिमट गई सुरंगों में
दिल्ली से सटते-सटते काशी से कट गई गंगा

गंगा गई कहां?
खोजो कुंआ-कुंआ

बीमार है गंगा
वेंटीलेटर पर पांच तारा डाक्टरों भरोसे
बिना पर्चा-रसीद करोड़ों का खर्च
रायसीना पहाड़ी के अस्पतालों से निकाल
हिमालय लाओ
हिमालय से वापस आएगी गंगा
जर्मनी नहीं
जन-जन के जतन से
चुल्लू-चुल्लू मुट्ठी-मुट्ठी
बस जाए घूंट-घूंट प्राणों में गंगा
घट-घट को तारती
घर लाकर सेवा की आरती उतारेंगे हम
गंगा

❐

चुन्ने ख़ां बैंडमास्टर

सफ़ेद पड़ चुके होठों पर जीभ फेर
पेट की सारी हवा
पीतल की पाइप से गुज़ार सरगम में बदल देता है
उंगलियों सहारे
चुन्ने ख़ां बैंडमास्टर

लाल झब्बेदार वर्दी
ज़रीदार कैप
काले काले गेंद से फूले गाल
काली उंगलियां नचातीं धवल स्वर-कठपुतलियां
आरती की धुन पर द्वारचार करता है चुन्ने ख़ां

चुन्ने के बिना न कोई पैदा हो सकता है
न अंतिम यात्रा पर जा सकता है कस्बे का कोई
बारात हो या पुरनिया की अर्थी
चुन्ने का बैंड सबको चाहिए

नहीं चाहिए चुन्ने तो सिर्फ़ महंत को
धर्माचार्य को नहीं चाहिए चुन्ने का म्लेक्ष-मत
कि चंदन-मत एकवट हो सकें
कर भी लिया
जीत भी गए
बिना चुन्ने के वोट के जीत गए धर्माचार्य

डम डम डिगा डिगा से शुरू चुन्ने
मौसम भीगा भीगा होते न होते
शहनाई की करुण तान हो गया

विजय जलूस में सबसे आगे म्लेक्ष चुन्ने ख़ां बैंडमास्टर
भयग्रस्त मोहल्लों के बंद दरवाज़ों पर दस्तक देता
अज़ान को नारों में डुबोता
क़ब्रिस्तानी ख़ामोशी को चीरता
खुली खिड़कियों पर भीड़ बटोरता
अबीर-गुलाल नहाया चुन्ने ख़ां
विजय-जलूस में सबसे आगे धर्माचार्य से भी आगे
बजा रहा है धुन
रामचन्द्र कह गए सिया से ऐसा कलियुग आएगा...

बिना वोट दिए भी हिन्दुस्तानी है चुन्ने ख़ां बैंडमास्टर

❐

हत्यारे

हत्यारे ख़तरनाक लगें ही यह ज़रूरी तो नहीं
ख़तरा शिष्टाचार की तरह शालीन भी हो सकता है

ज़रूरी नहीं हथियार हो ही
साइकिल फूल किताब या झंडा
कुछ भी हो सकता है हाथ में
कभी निहत्थे मानव बम भी

ख़ून के छींटे
आई.पी.सी. की धारा पर दिखें भी
ज़रूरी नहीं
हत्या को आत्महत्या बनाने के विलाप में शामिल
मासूमियत भी हत्यारी हो सकती है
सवाल मुआवज़े की मोटाई का भी हो सकता है

गोलियों से छलनी लाश को मुद्राक्षरों से ढंके जाने पर
ख़ामोश
हम निरपराध अपराधी नहीं तो क्या?

ख़ून के छींटे तिरंगे पर मिले बिना भी
देश घायल हो सकता है

❐

हत्यायें

प्रायोजित भी होती हैं हत्यायें
ग्लैमरस पांच सितारी

कभी आत्मिक-अध्यात्मिक
अलौकिक शांति प्रदान करती हत्यायें
लौकिक समृद्धि देने वाली

प्रथाओं में सती प्रथा की तरह

थाना संसद और संविधान सहमत हों
तो ख़ून को पानी होते देर नहीं लगती

हत्या को आत्महत्या समझने वाले देश में
भूख से कोई नहीं मरता

मज़हब को मानव बम बनाने वाले मुल्क में
आसमानी फ़रमान होती हैं हत्यायें

❐

उजाले

अंधेरे से उजाले में जब भी जाना अशोक !
बीती अ-रोशनी का शोक मत करना

आंखों पर लगाना रोक कि वे हउहा कर न देखें अ-शोक
चकर-पकर उजालों से चक्कर आ सकता है
रोशनी की तेज धार में
निगाह के कटान का ख़तरा रहता है

अभ्यस्त होने देना आंखों को उजालों में
जैसे अभ्यस्त थीं वे अंधेरों की अब तक
टटोल लेती थीं चारपाई के नीचे रखी चप्पलों में
अपनी चप्पल
पहुंच जाती थीं दरवाजे तक बिना लड़े-भिड़े गिरे
टटोल कर बुझा लेती थीं प्यास
बिना एक बूंद पानी गिराए

कभी-कभी टटोल लेना ही देख लेना होता है अशोक!
जैसे देखते हुए भी हम टटोल नहीं पाते कभी
अपनी असली ज़रूरत

अंधेरे में भागते-भागते देख लेते हैं हम
कि उजाले से कितना पीछे रह गए हैं
पर उजाले में भागते-भागते देख नहीं पाते

कि पीछे कितना कचरा छोड़ आए हैं
उजाले के कचरे पर ही निर्भर है अंधेरे का जीवन!

आंखों को बताना अशोक
कि सिर्फ़ वे ही देखना नहीं जानतीं
देखते वे भी हैं जिनकी आंखें छीन ली गई हैं
उनके हाथ देख लेते अंधेरे में माचिस

उजले ही नहीं होते उजाले
आंखों को बताना अशोक कि आंखें फाड़े उजाला न देखें
नियमित पलकें झपकाते रहें
बीच-बीच में रोशनी से आंखें मोड़ते रहें
ताकि आंखों में बची रहे उजाले की चाह

❒

(इस कविता को रचते हुए अनुजवत कवि-आलोचक अशोक कुमार पांडे बहुत नज़दीक रहे)

तिथियां

कुछ तिथियां होती तो हैं महत्वपूर्ण
मगर उनका कोई महत्व नहीं होता जीवन में
मसलन पन्द्रह अगस्त

कुछ तिथियां ऐसी भी हैं
जो सिर्फ़ इसलिए हैं कि आप हैं
जैसे जन्म तिथि
जिसके होने में आपका कोई योगदान नहीं
पर जो आपके साथ चिपकी रहती हैं ताउम्र
लच्छन के दाग़ की तरह

हां, कुछ ऐसी भी तिथियां हैं
जिन्हें सिर्फ़ आप पैदा करते हैं
वैसे ही जैसे आपके बाप ने पैदा की थीं
और आगे आपका पैदा किया हुआ पैदा करेगा

कुछ तिथियां ऐसी भी हैं
जो अगर एक बार पैदा हो जाएं तो कभी नहीं मरतीं
इन्हें आप इतिहास से बदला लेने के लिए पैदा करते हैं
जैसे छः दिसंबर

कुछ ऐसी भी हैं जो कब कहां से कूद कर
गद्दी नशीन हो गईं

यह पता ही नहीं चला किसी को
इस तिथि पर सिर्फ़ कविता लिखी जा सकती है
जैसे सोलह मई

कुछ इंतज़ार की तिथियां होती हैं
कुछ का इंतज़ार होता है कि वे कब कैलेंडर से नीचे उतरें

कुछ ऐसी भी तिथियां हैं जो लोगों को पढ़ना जानती हैं
उस तिथि को लोग वैसे ही होते हैं
जैसे पिछले वर्ष थे मसलन एक जनवरी

एक ऐसी भी तिथि होती है जीवन में
जिसका एक दिन मुअय्यन होता है
उस एक दिन का किसी को पता नहीं रहता
पर वे उस एक दिन के बाद लोगों के होठों पर चढ़ जाती हैं
फोटो के बाहर आशीर्वाद मुद्रा में
शाप देती या किसी मंत्र का जाप करती सी

काश! हम तिथियों को सुन भी पाते

❐

पतंग

क्या वजन होगा पतंग का?
मैंने पूछा

पंख बराबर भी नहीं
और डोर?

हद से हद पचास ग्राम
और तीलियां
बहुत हुई तो सौ ग्राम

मगर सद्दी बंधी पतंग
जब आकाश चूमती है
तो डोर सम्हालते-सम्हालते
ठुनकियाते
ढील देते खींचते
पेंच से बचाते
पेंच लड़ाते
हाथ भर जाते हैं अच्छे अच्छों के

वज़न का असली वज़न
वज़न में नहीं होता
विजन में होता है
लय में उड़ते पंख ढहा देते हैं
लोहे के भारी भरकम जहाज़
समझे, पतंग ने कहा

❐

खिचड़ी

अबकी खिचड़ी नहीं गई बेटी के घर

ये तो तैयार थीं
दुखती कमर पर हाथ रखे कराहती
कढ़ाई चढ़ाने को
मैंने ही मना कर दिया
वो सब तो ठीक पर ले कौन जाएगा?

छोटे ने कहा मेरा एक्ज़ाम है
बड़े ने कहा– पापा आप भी न!
ख़रीद नहीं लेंगी क्या धोंधा लइया तिलवा पट्टी
आख़िर तिलकुट ही तो है गजक
सब जगह सब मिलता है बाज़ार में
नया चावल उरद की दाल सब
फिर इतनी परेशानी क्या?
आएंगी तो पैसे दे देना

मन मसोस कर रह गए पिता
मायके का भूजा भी ससुराल में पकवान है
वरना बेटी सुने ताना
इन्हें क्या?

मोबाइल से बधाई तो भेजी जा सकती है
स्वाद नहीं
उपभोक्ता क्रांति क्या जाने मकर संक्रांति
संबंधों की तो ओम शांति शांति

बेटी के घर खिचड़ी नहीं गई अब की

खिचड़ी माने सगुन
कोसती हैं बूढ़ा खुद को
मेरी भी ठंढ में हिम्मत नहीं पड़ी कि चला जाऊं

अब वे ही भेजवाएं
चढ़ा दूंगा बेटी का हिस्सा भी बाबा गोरखनाथ को
खिचड़ी का मेला और मौसम थोड़ा नरम तो पड़े

❐

विकास

बिस्कुट तक में भर गई है विकास की गंध
केले से आती है संतरे की महक
और संतरा महकता है प्याज की तरह

आदमी से अधिक वस्तुओं और ख़ुश्बुओं में
उतरा है भूमंडलीकरण
विशिष्टताएं इच्छाओं के प्रचारित जाम में फंस गई हैं
जाम
जिसमें इन्नोवा हो या एक्टिवा या टेम्पो
सबकी औक़ात बराबर होती है
साइकिल से बदतर

पांडे जी पासवान
और पासवान जी चतुर्वेदी बनने के इच्छुक हैं
सिंह साहब सोनकर
और सोनकर बिसेन वाली लाइन में

इच्छाओं पर लदा है सपनों का व्यापार
अब दिल्ली जून में ठिठुरती है
और जून बारामुला में पानी भरता है
यूं ही गिद्ध थोड़े ग़ायब हैं

उनकी ज़रूरत ही नहीं रही
आदमी हैं न!
कागज़ कार्बन कचरा प्लास्टिक खाकर
गाय अगर दूध दे सकती है
तो आदमी की सांस से मोबाइल क्यों नहीं चार्ज हो सकता?

बांदा घास की रोटी पर बसर कर सकता है
तो क्या हम विकास के लिए
गंगा से पंगा भी नहीं ले सकते?

❐

अन्त्येष्टि

बहुत अच्छे दिन मौत हुई
रविवार न होता तो छुट्टी लेनी पड़ती दफ़्तर से
अन्त्येष्टि का समय भी ठीक ठाक रहा
अपराह्न तीन बजे

अब जाड़े में सुबह सबेरे घाट पर जाना
घुटनों के मरीज़ के लिए कठिन तो होता ही है
न जाओ तो भी...
लोग नापते रहते हैं कौन आया कौन नहीं
बरखी तक पंचाइत अलग

वो तो कहिए कि मुर्दे को बताने का
कोई ज़रिया नहीं है
कि फलनवा नहीं आया घाट पर
वरना ज़िंदगी भर के लिए कहने को हो जाता
कि बड़े सगे थे न!

बहरहाल छुट्टी के दिन तीन बजे
आराम से खा-पी एक नींद मार कोई भी
नदी किनारे चिता निहारता घंटे भर खड़ा रह सकता है
शोकाकुल
कवि की याद में
यूं भी जाड़े में साहित्यकारों के लिए यह
खुला-आकाश गोष्ठी का समय होता है

चिता सिराने लगी
शाम की तरह
हां, ठंढ थोड़ी बढ़ रही है
चला जाए अब
सबने कहा गो सब ख़ामोश थे
एक दूसरे को भांपते

अच्छे आदमी थे
हां भाई कवि भी अच्छे थे
ईश्वर उनकी आत्मा को शांति दे
इसलिए भी कि मरणोपरांत तो कष्ट नहीं दिया
अब चित्ता सम्भवा तो कोई होता नहीं
'अग्निसम्भवा' की तरह

❐

(इस कविता को लिखते समय कवि मित्र स्व. सुरेन्द्र काले याद आते रहे)

फटी पैंट

फटी पैंट पहनते हैं वे
मगर फटहा मत समझ लेना उन्हें

वे बड़े लोग हैं
बड़ मनई
उनकी पैंट करीने से फटी होती है घुटने पर
कई एक साथ खड़े हों तो फटही फैशन ड्रेस लगे

फटहों की पतलून चूतड़ पर फटती है
जेब की सीध में
घुटनों पर भी फट सकती है घिस कर
जैसे घिस जाती है मोहरी
जैसे मसक जाते हैं गरीबी के दांत किचकिचा किचकिचा

बड़ों की पैंट घिसती नहीं
घिसी जाती है
फटती नहीं
फाड़ी जाती है डिजाइनदार
एक लुक होता है उस फटेपन में
अमीरी की बोरियत मिटाने का सुख

चिथड़ापन गौरवान्वित करता है बड़ों को
बांह पर फटहा झलकाती सुन्दरियां

यह डिजाइनर फटापन
उन्हें अलग करता है फटहों से
फटही सुपीरियारिटी कह लीजिए इसे

जभी तो फटही पैंट पहने लोग पब्लिक में
सिमटे, सिकुड़े रहते हैं, छिपाते
और फटही जींस पहने लोग!
चौड़े से रहते हैं अपना फटा दिखाते

फटी है पैंट मगर फटहा मत समझ लेना उन्हें

❐

गंदे बच्चे

हम गंदे बच्चे हैं
कोई भी अच्छा बच्चा हमसे बात नहीं करता
हमारे साथ खेलता भी नहीं

हम गंदे हैं
क्यों कि अच्छे बच्चे हमें गंदा कहते हैं
हमारे सिकुड़े सिकुड़े
पन्नियों के घर हवा में फड़फड़ाते हैं
जैसे फड़फड़ाती है अम्मा की साड़ी
बिना पेटीकोट वाली

हम गंदे बच्चे हैं
कमीज़ मटमैली चिमुड़ी
मोज़े से झांकती एड़ियां
बनियान हम पहने ही नहीं कभी
जूते या तो अंड़से रहते हैं
या उनमें कपड़ा ठुंसा रहता है
कि चलते-फिरते पैर बाहर न आ जाएं

हम नहीं जानते कि हम गंदे बच्चे क्यों हैं
हम बस इतना जानते हैं कि हम अच्छे बच्चे नहीं हैं

अच्छे बच्चे जब अपना टिफ़िन खोलते हैं
तो बहुत अच्छी महक आती है
मुंह में पानी भर आता है

हम अपनी अख़बार में लपेटी रोटी
उनसे छुपाकर खाते हैं

अच्छे बच्चे एक गिलास पानी
डेढ़ गिलास पानी से धो कर पीते हैं
हमारे घर नगरपालिका का पानी आता है
चौराहे वाले नाले के पास से

वैसे अच्छे बच्चे कभी-कभी हमें भी अच्छे लगते हैं
जब वे अपने घर वालों से छिपाकर
हमें रबर-पेंसिल देते हैं और हमारा छुआ
वापस नहीं लेते

मगर जब कभी मिस हमे गंदी ड्रेस के लिए
या कापी पर कवर नहीं चढ़ा होने के कारण
बेंच पर खड़ा कर देती हैं
तब हमें मुस्कुराते अच्छे बच्चे गंदे लगते हैं

हम अपनी मम्मी से शिकायत करते हैं
हमें अच्छा बच्चा क्यों नहीं बनाया
मम्मी चुप रहती हैं
उनकी आंखें टपकने लगती हैं
हम दुखी हो जाते हैं
कि उन्हें दुख पहुंचा
मन ही मन मम्मी से कहते हैं बस यह क्लास
यह क्लास पढ़ लेने दो
अब हम कभी अच्छा बच्चा बनने की ज़िद नहीं करेंगे

❒

अच्छे बच्चे

हम अच्छे बच्चे हैं
हम थोड़े गंदे भी हों तो हमें धो-पछोर कर
अच्छा बच्चा बना दिया जाता है
धुले प्रेस किए हुए कपड़ों की तरह

कभी कभी पूरा साबुन गरा न पाने के कारण
स्कूल की सफ़ेद ड्रेस पर प्रेस का पीला दाग़
हमें कम अच्छा बना देता है
तब हम जूतों को पैंट से रगड़-रगड़ कर चमका लेते हैं
इधर से न सही उधर से
अच्छा बच्चा बन ही जाते हैं

हमें गंदे बच्चों की लिस्ट दे दी जाती है
फलां फलां फलां
उनके साथ हम नहीं खेलते
उनसे बोलते भी नहीं
पर हमें समझ नहीं आता कि वे बेचारे
गंदे बच्चे क्यों हैं?
पूछो तो कहा जाता है कि अच्छे बच्चे
बड़ों का कहना मानते हैं
सवाल जवाब नहीं करते

हम अच्छे बच्चे हैं
हमें हमारी मिस बहुत अच्छी लगती हैं
हम उन्हें कनखी से देखते हैं परंतु प्रश्न पूछ कर
परेशान नहीं करते

हम घर आए मेहमानों के सामने
पोएम की तरह रहते हैं
ट्विंकल ट्विंकल लिटिल स्टार

मछली जल की रानी है हमें पूरा याद है
मगर हमें यह भी पता है कि उसका जीवन बेमानी है
इसलिए हम कविता-कहानी से दूर रहते हैं
लेसन रटते हैं
हम गंदे बच्चे हो ही नहीं सकते
हमारे माता पिता हमें अच्छा बनाने के लिए
सब जतन करते हैं
हमारा होमवर्क खुद ही करवा देते हैं

एक बार एक गंदे बच्चे ने गड्ढा पार करने में
हमारी मदद की
हमने उसे थैंक यू बोला
और घर आकर अपना हाथ डिटाल से धो लिया

हम गली-मोहल्ले अड़ोस-पड़ोस में नहीं
मोबाइल पर गेम खेलते हैं
नेट पर मनपसंद दुनिया सर्च कर लेते हैं

अखबारों में समय नहीं बरबाद करते
मूवी देखते हैं, कार्टून और अनुलोम विलोम
भगवान को हाथ जोड़े बिना घर से नहीं निकलते

हम जानते हैं
हमारे मम्मी पापा अपने समय अच्छे बच्चे नहीं थे
होते तो आज तक मारुति 800 में क्यों चलते
इसका उन्हें भी दुख है
लेकिन हम उन्हें दुखी नहीं देखना चाहते

हमें पढ़-लिखकर राजा बेटा बनना है
ख़ूब कमाना है
बड़ा आदमी बनना है
दूधो नहाओ पूतो फलो वाली ससुराल जाना है
भूजाछोरों से दूर रहना है
और अपने बच्चों को अच्छा बच्चा बनाना है

है न हम अच्छे बच्चे!

❐

फूल

जब भी देखता हूं किसी असली फूल को
प्लास्टिक के फूलों को प्रणाम करने का मन करता है
क्या रंगत है!
कभी उड़ती ही नहीं

मुलायम जैसे जनमतुआ के गाल
असली वाले तो शाम ढले कुम्हलाने लगते हैं
जैसे दिनवे में लगा ली हो

हरसिंगार की ज़िदगी जैसे आठ घंटे की शिफ़्ट
दिन हुआ और दिया गुल
एक ये हैं कि हरदम तरोताज़ा फेसबुक की तरह

ऊपर वाले के पास रंग तो बहुत हैं
पर स्थायी नहीं
वही ताना वही बाना वही डिज़ाइन
जैसे हम बनाते थे साड़ी का बार्डर बचपन में
हालांकि गांधी आश्रम की तरह ऊपरवाला भी
बाज़ारोन्मुख होने की कोशिश कर रहा है
पर करे क्या?
दूसरे हद से हद तीसरे दिन
धोया खाए चद्दर से दिखते हैं असली फूल
कीड़े लगें अलग से

हां, एक ही कमी है प्लास्टिक वालों में
महकते नहीं
पर भरोसा रखिए आज नहीं तो कल हो ही जाएंगे तब देखना
हालांकि किस मुंह बात करेगा ऊपर वाला
मदार के फूलों में तो आज तक सुगंध नहीं डाल पाया
तर्क यह कि निर्गंध गुड़हल फूल ही देवी को पसंद हैं
क्यों?
नाक में कोई प्राब्लम तो नहीं देवी के?

ख़ुश्बू की बात चली तो बता दूं
कि उतनी ख़ुश्बुएं ऊपर वाले के पास भी नहीं
जितनी नीचे वालों के पास हैं
मांग के देख लो किसी बगीचे से
अचानक एक कीलो गुलाब की ख़ुश्बू
यहां तो डिब्बा बंद शीशी पैक जितना चाहो
जब चाहो
कहो तो गुलाब में चमेली महका दें ये

सिर्फ़ चौबीस घंटों का धंधा है ताज़ा फूलों का
इधर चौबीस महीने भी न बिकें तो चिंता नहीं
झाड़ा पोछा धोया सुखाया
एकदम फिट्ट!

यूं असली वालों की बेक़द्री देखी नहीं जाती
जिसके गले में डालो, इज़्जत दो
आंख झपकते इज़्जत उतार कर रख देता है

इसीलिए कवि जी अगर रखना हो उन रास्तों पर फूल
जिधर से गुज़रने वाले हों शहीद
तो बनमाली से बोलो कि प्लास्टिक वाले रखे
देर-सबेर पता नहीं कब आएं!
असली तो मुरझा जाएंगे

सो हमने भी तय किया
कि दुनिया को टिकाऊ और रंगीन बनाना है
शादी-ब्याह सभा-सोसाइटी एक बार ख़रीदो
बार-बार इस्तेमाल करो
इधर का गुलदस्ता उधर पुराना वाला
मन भर जाए तो उतरन चांद पर भेज दो
सफ़ाई की सफ़ाई एहसान का एहसान
यूं भी धरती वालों का ममहर बड़ा ग़रीब है बेचारा!

❒

मां, मैं तुम्हें प्यार नहीं करता

(दुनिया की सभी माओं और मां-भक्तों से माज़रत के साथ)

कैसे प्यार करुं तुम्हें मां
तुमने प्यार किया सिर्फ़ मुझे या मेरे बेटे को
मेरी पत्नी को नहीं
उसे तुम घर आई पढ़ी-लिखी नौकरानी ही समझती रहीं
बिना मूछ का मर्द
जो मेरे न रहने पर बाहर भी संभाल सकती है
तुम्हें उससे काम लेने का हक़ तो याद रहा
प्यार देने की ज़िम्मेदारी नहीं

तुम भूल गई मां
कि तुम्हारी तरह वह भी एक मां है
मां ने मां की तरह मां को कभी प्यार नहीं किया
भूल गई मां कि मेरी बीबी
किसी की बेटी भी है तुम्हारी तरह किसी के जिगर का टुकड़ा
एक बेटी ने एक बेटी को बेटी की तरह कभी प्यार नहीं किया

तुम्हारी ममता खिड़की भर रही
आकाश नहीं बन पाई
नहीं खुलीं पत्नी के लिए प्यार के आकाश में खिड़कियां
मैं तुम्हें कैसे प्यार करूं मां?

देखा है, तुम बहन की रोटी में घी नहीं लगाती थीं
मुझे चपोड़ देतीं
सूखी ही सही पहली रोटी उसे कभी नहीं मिली
क्यों मां?
तरस जाती थी बहन खेलने के लिए कि काम से छुट्टी मिले
मगर दस उपदेश
आदत पड़ी रही तो ससुराल में दिक़्क़त नहीं होगी
और मैं अगर शौक में भी गोझिया गढ़वाने लगूं
तो चल हट्ट मेहरकुल्ला!

याद है मां
जब वह खटपट की ख़बर लिए घर आई थी
तुम मुझे समझाती रहीं कि पापा समझेंगे नहीं
तुम ही इसे समझा-बुझा वापस ससुराल पहुंचा दो
साम दाम दंड भेद
बहन का दर्द आंसू बनकर बह भी नहीं पाया
कि तुमने उसे वेद-पुराण लोक-लाज स्त्री धर्म की चिता पर
ज़िन्दा सुला दिया

सिर्फ़ पैदा करना ही मां नहीं होता मां!

मैंने तुम्हारी ममता को बेनक़ाब होते देखा है
कई-कई स्तर कई-कई रंग
ममता दिखती थी कहीं-कहीं अड़बंग
झूठ है कि मां वही जिसमें ममता हो
ममताविहीन मांएं भरी पड़ी हैं दुनिया में

हम उन्हें देखते भी हैं
पर कहने की हिम्मत नहीं जुटा पाते
सामने मुनव्वर छाप शेर ही दुहराते हैं
मां का बोझ पत्नी पर डालकर सुर्ख़रु बन जाते हैं
मार्क्सवादी या मदिरावादी की तरह ये मां वादी
कभी एक दिन खुद करनी पड़े सेवा तो नरक याद आ जाए

मैं उसे कैसे प्यार करूं मां
जो मुझे सिर्फ़ इसलिए प्यार करे कि मर्द ज़ात हूं
सूद लौटाने वाला संतति-मूल
उसके बुढ़ापे की लाठी
उसे कंधे पर घाट पहुंचाने वाला
लाठी तो वास्तव में बेटी ही बनती है
यहां भी वहां भी
तुम खुद एक दिन बिना बहू-सहारे नहीं रह सकती मां
मायका जाने के सुनगुन से ही अफ़नाने लगती हो
यहां कैसे होगा?
क्यों ज़िंदगी भर का ठेका ले रखा है?
है तो आपका चशमे चिराग़!

ममता और खुदगर्ज़ी में भेद के लिए
पढ़ा लिखा होना ज़रूरी नहीं मां
काश! तुमने मेरे भीतर की स्त्री की हत्या न की होती
काश! तुमने आज़ादी का पगहा मुझे
और गुलामी का ज़ेवर उसे न दिया होता

मैं तुम्हें प्यार नहीं कर सकता मां
तुमने मुझे दूध पिलाया और बहू लाने के पहले
मुझसे दूध का कर्ज़ वसूला

किसी की कोख से पैदा होना ही
उसका बेटा होना नहीं होता

तुम चाहो तो मुझे नाखादा कह सकती हो मां
कुपुत्रों की धरती पर
कुमाता की कल्पना ऋषियों ने नहीं की है
तो क्या, बहुत कुछ है ऋषि-कल्पनाओं के बाहर

तुम चाहो तो मां किसी अदालत में मेरी नालायक़ियत
को लेकर नालिश कर दो कि बुढ़ापे में प्यार नहीं करता
पर मैं तो अपने दोअख्खी बचपन के लिए तुम पर
मुक़दमा भी नहीं कर सकता

करतब और कर्तव्य में इतनी दूरी?
काश! तुमने मुझे बहन की तरह पाला होता
काश! मैं तुम्हारे भीतर अपनी बहन देख पाता
बहन के भीतर तुम तो दिखीं
पर तुम्हारे भीतर वह कभी नहीं

काश! तुमने अपनी बहू में अपना बीता कल देखा होता
एक औरत का पिघलता-टीसता दर्द

तो सचमुच मैं तुम्हें प्यार करता मां
बहुत प्यार
अगर तुमने बेटे में पति और भाई की क्रूरताओं की छाया
देखी-दूर की होती
एक जनमतुआ को मर्द के साथ मनुष्य भी बनाया होता

जानता हूं कम नहीं सहा होगा तुमने भी अपने हिस्से का दर्द
जब तुम बहन से बहू और बहू से मां बनी होगी
जानता हूं मां
तुम्हारा रेत-रेत होना एक रोज़ की कहानी नहीं है
मेरी ही तरह किसी बेटे ने पति बनकर
तुम्हारी दुर्दशा की होगी
सोख ली होगी तुम्हारे भीतर की सारी नमी
बन गई होगी तुम गुदाज-दिल मां से
संगमरमरी मां

जब कभी लोगों को मां के क़सीदे पढ़ते सुनता हूं
तो लगता है जैसे मैं साहित्य की दिल्ली में
बेगूसराय का निवासी हूं
पुण्य आत्माओं के बीच मैं पापी तुम्हें प्यार नहीं करता मां!

❐

कोई बूढ़ों को प्यार नहीं करता

किसी फूल किसी चिड़िया किसी गदबदाए पिल्ले को देखकर
आंखों में फैल जाती है मुस्कुराहट अपने आप
होंठ ही नहीं
आंखों की मौन हंसी भी जताती है प्यार

फेसबुक पर ही सही
किसी बच्चे से मिलकर आप उसे गोद में उठा लेते हैं
गाल से गाल सटाते हैं
पुचकारते हैं बिना उसे छुए

बिना छुए चूमे पुचकारे भी किया जा सकता है प्यार
बोलते प्यार से ज़्यादा प्यारा अनबोलता प्यार

ज़रूरी नहीं कि सुन्दरता प्यार का प्रथम आकर्षण हो
पीर पराई या अपनी भी
एक गहरी टीस किसी कमी की
किसी विराटता का भय
कोई आशंका
कोई निरीह सा विश्वास भी आपको प्रेम डगर पर ले जा सकता है

आश्वासन नहीं आश्वस्ति है प्यार
आप किसी को प्यार इसलिए करते हैं कि बदले में
वह आपको प्यार करे
अपने जनमाए कुक्कुर बिलार से भी प्यार करती है मां

लूल-लंगड़
कैसे आख़िर?
दरअसल आप जिसे प्यार कर रहे होते हैं
यह उसी की देन है कि आपके मन में प्यार जगा

मां क्या करेगी बच्चे को उतना प्यार
जितना लबरेज़ कर देता है बच्चा मां को
प्यार की अमानत से
वह होता ही ऐसा है कि आप उसे प्यार किए बिना
रह ही नहीं सकते

प्यार एहसान है
तो मां-बाप पर यह एहसान बच्चा करता है
आप झूठे गरमाते हैं कि मैंने इसे पाला-पोसा बड़ा किया
बड़ा तो दरअस्ल बच्चे ने आपको किया

○

वही लाल-लाल मसूड़े पोपला मुंह
अशक्त हाथ पैर निरीह निर्भर बूढ़ा भी तो होता है
मगर बूढ़े की झुर्रियों से प्यार कोई नहीं कर पाता
आदर चाहे जितना कर ले

हमदर्दी और प्यार में फ़र्क है न!
बूढ़े से प्यार नहीं हमदर्दी जताई जाती है
जिसके लिए फुसलाया जाता है बच्चों को
कि मां-बाप की सेवा करके आप पुण्य कमा रहे हैं

बच्चों को पालकर पुण्य-लाभ कमाने का कोई श्लोक
हो तो बताइए!

सेवा करना प्यार करना नहीं फ़र्ज़ निभाना है
उऋण होना
प्यार तो एक स्वाभाविक क्रिया है
प्यार के लिए कोई पाठ नहीं पढ़ाना पड़ता
सेवा का बाकायदा पाठ पढ़ाना पड़ता है
प्यार उत्फुल्ल होता है
फ़र्ज़ गिरां

मां-बाप बच्चे को पालते हैं इसलिए प्यार करते हैं
बच्चे मां-बाप को पालते नहीं निबाहते हैं
थोड़ा सरस थोड़ा रुख्खा
थोड़ा असली थोड़ा दिखावटी
औलादें सिर्फ पार घाट लगाती हैं बाल्दैन को कंधा देकर
कंधे और गोद का फ़र्क़ है बचपन और बुढ़ापा

बच्चे का मन कोरा होता है
बूढ़े का मन गौंजिआया
बच्चा ओस नहाया सुबह का फूल है
बूढ़ा दिनभर की धूल-धूप सहा मुरझाता फूल
बच्चा प्यार को सिर्फ़ प्यार समझता है
बूढ़ा प्यार के पीछे सियासत भी देखता है
बच्चे को प्यार करने की कोई शर्त नहीं

बूढ़ा प्यार खरीदने के लिए बक्से की चाभी
बैंक का पासबुक गठियाए रहता है

दरअस्ल ढहती जर्जर होती इमारत से कोई प्यार नहीं करता
सिर्फ़ आह भर सकता है
कि वाह क्या बात थी एक समय!
वे इतिहास के दिन चाहे जितने ऐतिहासिक हों
हम उसे याद कर सकते हैं प्यार नहीं

सिर्फ़ प्रकृति में ही शाम प्यारी लगती है
ज़िंदगी कुदरत से अलग एक कुदरत है
जिसमें सुबह प्यारी होती है
शाम नहीं

❐

यूं ही

कभी ऐसा हुआ है क्या
कि आप मगन हों कोई ख़्वाब बुनने में
और आपकी पत्नी अचानक आपको अंकवार में भरकर
चूम ले!

ऐसा हुआ है क्या कभी कि आपने रोटी बेलती पत्नी को
पीछे से बाहों में भर लिया हो
और पत्नी ने आपको बरजते हुए भी
तवे पर पड़ी रोटी जल जाने दी हो

हुआ है क्या ऐसा कभी
कि बेटे ने अचानक फोन किया हो देर रात
और बताया कि मैं सलेक्ट हो गया
आपकी निंदाई झुंझलाहट जिज्ञासा में बदल गई हो
फिर अप्रत्याशित सी जीत में चीख़ पड़े हों
क्या?
नींद डूबी आंखें भी डबडबाना जानती हैं
ऐसा हुआ है क्या कभी आपके साथ कि
अपने बेटे पर आपको प्यार से अधिक गर्व महसूस हुआ हो

कभी हुआ है ऐसा क्या
कि आप अपने को बहुत उदास अकेला बेमसरफ़ पा रहे हों
किताबें निहायत किताबी लग रही हों

इसी बीच किसी चर्चित पत्रिका के किसी चर्चित लेख में
आपकी विस्तार से चर्चा हुई हो
और आप धूप की तहमद पहने निकल पड़े हों
अपने सीलन बंद अंधेरे से बाहर
लोगों का आपके बारे में सोचने का तरीक़ा ही बदल गया हो

हुआ है ऐसा कभी कि अपने नए मंहगे एंड्रायड फोन पर
आप झुंझला रहे हों
तभी घर आए ग्वाले के बेटे ने पर्दे पर उंगलियां फेर कर
आपकी समस्या सुलझा दी हो
एम.ए. पास आप उसकी तरफ भकर-भकर देख रहे हों

बस ऐसे ही पूछ रहा हूं यह सब
यूं ही मन में एक बात उठी और पूछ लिया

हो सकता है एकदम ऐसा ही न हुआ हो
पर ऐसा ही कुछ हुआ हो आपके साथ भी
जैसे आप कहें कि मैं शिमला तो नहीं मसूरी ज़रूर गया हूं

यह ऐसा ही एकदम न होना ही
ऐसा होने के क्रेज़ को फ़िल्मी होने से बचा लेता है
एक ही कहानी मगर सबकी अलग अलग

ऐसा होता है कभी-कभी
तभी तो ज़िंदगी अभी भी जीने लायक बनी हुई है

❐

अमरनाथ के बेटे की शादी

कम से कम अस्सी के तो होंगे ही
न सही अस्सी पचहत्तर में कोई शुबहा नहीं
आए थे कल रात ढहते-ढिमलाते हांफते
चौबीस सीढियां चढ़कर बेटे की शादी का कार्ड देने
'आइएगा ज़रूर मेरे घर की आख़िरी शादी है'

घर क्या मकान कहिए
घर तो विभा भाभी के रहते तक था
अब तो वह अमरनाथ संग्रहालय होने के लिए अभिशप्त है

अमरनाथ जी ने भी क्या क़िस्मत पाई थी
रेलवे में फ़ोरमैन
संभ्रांत कालोनी में मकान
सुन्दर सुघड़ बीबी
एकदम इलाहाबादी अमरुद की तरह लहछौंह क़िस्मत
दो ज़हीन बेटे एक विदुषी बेटी के पिता
तीनों जैसे बुद्धि की घुट्टी पी के आये हों पेट के बाहर
अव्वल!

बड़ा अमेरिका में इंजीनियर
बस गया वहीं
नौकरीशुदा डाक्टर बेटी
छोटा आई आई एम में
बखानते फिरते, सब ख़ुशहाल!

शायद उन्हीं की नज़र लग गई उनकी खुशहाली को
हां, नज़र लगती है सच्ची
भाभी गई थीं बेटी के पास मिलने
मूड बदल गया
वहीं से चली गयीं रब के यहां
यहां अमरनाथ एक कप चाय को मोहताज़

पत्नी थीं तो वक़्त अंटता न था
न रहीं तो वक़्त कटता नहीं
तनहाई धीरे-धीरे औंटाए दूध सी गाढ़ी हो चली
बेटे न आ पाने का प्रायश्चित पैसा भेज कर करते
क्या करेंगे पैसा अमरनाथ
सब तो परहेज़ है इस उम्र में शूगर बीपी
बात की जगह डेरा जमाए वात!

दीवारें किताबें दवाएं और हम!
कहते हैं अमरनाथ, यही ग़मे रोज़गार बचा है
जो कुछ दोस्त यार संदेश वाहक बस यही मोबाइल

छोटे ने लड़की पसंद कर ली और बाप को सूचना दी
यहीं गोरखपुर की है पापा
आंखें चमक उठीं अमरनाथ की
यानी नौ मन किताबें घाट नहीं जाएंगी मेरे साथ
बच जाएंगी
कभी तो आएगी बहू अपने ससुराल वाया मायके
कुछ तो सहेजेगी ससुर की अमानत

पढ़ी-लिखी है
बता रहा था नालायक़

चलो अच्छा हुआ
इस उम्र में कहां ढहता ढिमलाता रिश्ता खोजता
'पापा मैंने अभी प्रपोज नहीं किया है
आप जैसा कहिए

बेवक़ूफ़ समझता है अपने बाप को
बंगलौर से गोरखपुर चला आया उसके साथ
और अभी प्रपोज करना बाक़ी है
चलो कुछ तो लिहाज़ है

हंस रहे थे पोपले मुंह अमरनाथ
बहुत दिन बाद चेहरे पर दर्द ऐसा लगा
जैसे दवा फायदा कर गई हो

तो आइएगा ज़रूर आर्या जी!

बैठूंगा नहीं बहुत काम हैं अभी
विभा तो हैं नहीं
मुझे ही करना है सब
हुमक रहे थे अमरनाथ
बेटे की शादी का कार्ड लिए ठुमक रहे थे
ढहते ढिमलाते अकेले अमरनाथ

❐

छठ

मंदिर न मंत्र न पुरोहित न कोई प्रतिमा
आप ही भक्त आप ही पुजारी
न जलूस न शोभायात्रा न कोई सवारी
त्यौहारों की भीड़ से अलग
त्यौहारों की ऊब से जुदा

न रंगों की हुड़दंगई
न भोजपुरिया अश्लील गाने
न झालरों की सूनी उदास रोशनी
न पटाखों का कनफोड़
न ख़ूनी क़ुर्बानियां
न मोमबत्ती की शोक-यात्रायें
न मेल-मिलाप का शोर
न बाधाई की औपचारिकताएं

शारदा सिन्हा के छठ-गीत
चारों तरफ लहराते आंचल सी लोक धुन
लचकत बहंगी की तरह चलता चला गया
ताल-पोखर नदी की ओर लोकगीतों की गोद में
सुबह-सबेरे सांझ पराती
एक दूसरे को सिंदूर पहनाती चूड़ियां
स्वच्छता का ग़ैर सरकारी स्वरूप

सूर्य की उपासना का स्त्री-पर्व
कुन्ती वाला सूर्य नहीं
कोख की हरियाली परिवार की ख़ुशहाली
स्त्री - आश्रित स्त्री - पूजित अकेला पर्व
पुरुष सहयोगी सर पर टोकरा सम्हाले नंगे पैर

ठोकुआ का स्वाद भारी पड़ता कलाकंद पर
बासी का डर नहीं
न जेब काटती मिलावटी बाज़ारु मिठाइयां
कोई त्यौहार अग्रिम नहीं
मांग कर भी मनाया जा सकने वाला
लो-बजट त्यौहार
साधारण लोगों का असाधारण पर्व
पूजा नहीं अराधना

नज़र लग रही है इसे खाए-पीए अघाए लोगों की

पोखरा पाट कर फ्लैट बेचने वाले
दरवाज़े पर गड़हा खोदवा कर मनाने लगे छठ
संकुचित होने लगी पर्व की सामूहिकता
पानी में मनाया जाने वाला त्यौहार
बेपानी न हो जाए
तेल की तरह फैलता जा रहा पानी पर महोत्सव वाद
दुबकती जा रही है आस्था

कुछ दिनों बाद ठोकुआ भी मिलेगा बाज़ार में तैयार
मउनी सूपा दउरी की तरह
जैसे मिल रहा गोझिया कीलो से
ठेले पर अनरसा
प्लास्टिक के फूल फाइबर के गन्ने हल्दी नींबू
गांव की पहुंच से बाहर कर दिए जाएंगे त्यौहार
जैसे महंगा होता जा रहा है प्यार

छठी मइया भी मन्दिरों में भव्य महंगी देवी न हो जाएं
उतर न आएं जनेऊ धारे कुछ लोग
लोक में शास्त्र भाखते

अदिति मल! मौसम से बिगाड़ तो हो ही चुका है

❐

बेटे की विदाई

चाह रहा था कि न दिखें मेरी भीगी आंखें उसे
वह भी भरसक चेहरा तिरछा कर बतियाता रहा
कनखी से परतियाता कि मेरा चेहरा कितना नम है

दोनों चाहते रहे कि उसके आंसू उसे रुला न दें
हालांकि दोनों रो रहे थे सूखी आंखों
भीगे मन

बेटा भी मुंह चुप्पा है मेरी तरह आंसूख़ोर
खुल कर रोते कभी देखा नहीं उसे
हिक भर रोने के लिए इत्मीनान और एकांत तलाशता रहा मैं
मेरी तरह वह भी

बिटिया की बिदाई के समय जितने आंसू उमड़ते होंगे
उससे एक भी कम नहीं उमड़े
जब पांच साल के लिए हास्टल में छोड़ लौटा मैं बेटे को

आंसुओं की भी अजीब प्रकृति है
ख़ुश हों तो उमड़ेंगे
दुखी हों तो भी भरभराएंगे
बहाना चाहिए इन्हें बहने के लिए पियक्कड़ों की तरह
होंठ काट कर रोकना भी चाहो
तो नाक के रास्ते आके गला दबाने लगते हैं

ख़ुशी है कि बड़े संस्थान में उसे दाख़िला मिला
दुखी हूं कि पहली बार देहरी छोड़ के जा रहा है
दामन की छांव से दूर कलेजा का टुकड़ा
ऐसे में तो आंसुओं को थोड़े धैर्य का परिचय देना था
पर नहीं
एक आंख रोते हैं एक आंख हंसते हैं
मानो सूरज बाबा बादल में बसते हैं

यह पहली दीवाली है
जिसमें दीवाला निकल जाने का अहसास हो रहा है
दीप है तेल है बाती भी
मगर उसकी लौ सिमसिमाई सी
जैसे अपने आंसू पोछ कर जल रही हो

'आपको तो दिए भी सजाने नहीं आते
मनु था तो कितने अच्छे से रखता था हर जगह'
मांए बहाना खोज लेती हैं
बेटों को याद करने का
पता नहीं क्या बना होगा मेस में
'क्या खाया बेटा?'
'मटर-पनीर'
'ओर सूरन?'

सूरन बिना कउन दीवाली?
ओल की सब्ज़ी आज पहली बार गर काट रही थी

काटने होंगे पांच साल यूं ही
समझाता हूं मन को
पांच ही साल क्यों, टोकता है मन
पढ़ाई के बाद क्या गोरखपुर में नौकरी करेगा?
अरे आर्या जी! उ गया अब!

क्या सचमुच चला गया
बीस साल हमारे साथ रह के मनु हमसे दूर
हमेशा के लिए दूर
बेटियां पराई होती हैं भाई
अब बेटे भी

बेटियां ही नहीं विदा होतीं मायके से
बेटे भी बिदा होते हैं
पर उन्हें परछने वाला कोई कार्य-स्थल नहीं होता
बिदाई विस्थापन है बेटों के लिए

❐ दीपावली 2015 के दिन

खुशबू

किसी भी रंग का हो गुलाब पर ख़ुशबू एक सी
एक ही तरह महकती है चमेली
एक ही तरह गमकते हैं सेब
एक ही तरह चहकते हैं दरबे
मगर सभी घरों की अपनी एक अलग महक-चहक होती है
करोड़ों करोड़ छतों के नीचे आप अपना सिर्फ़ अपना
घर सूंघकर पहचान सकते हैं

जैसे कटहल के कोए की मादक होती है खुशबू
रस-सिक्त
आप अपनी पत्नी को पीछे से भी पहचान सकते हैं
उसकी चाल की गंध से

आश्वस्तकारी होती है कोई-कोई गंध
किसी-किसी गंध के साथ सुरक्षा महसूस होती है
जैसे नवजात के लिए मां
भीड़ में पिता की उंगली थामे
हथेली में पसीजी गंध बच्चे को निश्चिंत रखती है

महमह महकती है एक सपनीली ज़िद
अजीब आकर्षक महक होती है चुनौती में
आप उसकी तरफ़ खिचे चले जाते हैं बेख़ौफ़
उदासी की एक रंग उड़ी आसमानी गंध आंखों में उठती
और पूरी पृथ्वी को छान लेती अपनी बाहों में

एक ख़ास तरह से महकती हैं यादें
एक ख़ास तरह से महकता है यक़ीन
एक ख़ास गंध होती है अपनी भाषा में
एक ख़ास गंध लिए होता है सबका अपना लहजा
एक ख़ास तरह से महकता है भय
आशंकाओं की अपनी एक अपरिचित गंध होती
जिससे परिचय के लिए आप उतावले हो जाते हो

इंतज़ार हो कि मनुहार
कुछ भी अड़हुल के फूल सा गंध रहित नहीं होता
अपनी एक अलग खुशबू होती है ईमान की
जैसे नमक की गंध
एक ऐसी गंध जो स्वाद बना बिगाड़ सकती है
भोजन से लगायत भाव तक
जिसे सूंघ नहीं पाते बेग़ैरत

आंसू की गंध सिर्फ़ गालों को पता है

ख़ुशबुएं बुलाती ही नहीं पीछा भी करती हैं
दूर तक कई दिनों
बावरे होते हैं हम मेहनत की गंध पीछे
कभी सिंदूर से चिता की महक आती है
किन्हीं किन्हीं आंखों से महकती है ज़िम्मेदारी
जीवन आख़िर इन ख़ुशबुओं का समुच्चय ही तो है
गंध और लय की पुरकारी

सांसों की भी तो अपनी एक गंध है
और हर गंध की एक उम्र भी

सांस की हो या लगाव की
असीम कुछ भी नहीं
नदी में कभी नहीं उतरती तैरती मछलियों की गंध

जैसे तेल में भुना जा रहा प्याज महकता है
महकती हैं इच्छाएं
कभी सड़े आलू सी भी
मर जाती हैं औंसिआए बिस्तर की गंध में लिपट कर
कई सफलताएं

अंतर गंध में ही नहीं नाक में भी होता है

कोई-कोई महकता है किताबों सा
किसी-किसी से आती है रागिनी की ख़ुशबू
गंध ही शिल्प बन जाता है कहीं
कहीं घराना
कहीं परम्परा
रंगों से भी उठती है अलग क़िस्म की गंध
नाक होनी चाहिए बस!

एक बात बताऊं
इन दिनों मेरी नाक में बस गई है
चुरते दाल की महक
जेब में पड़े रुपयों की गंध भूलता जा रहा हूं

खैर छोड़ो,
कभी किसी प्यासे से पूछना पानी की गंध!

❐

बस उतना ही

जितना झांकता है आकाश खिड़की से
बस उतना ही

जितनी चली आती है हवा कमरे में
बिना बुलाए
किसी की याद सी
बस उतनी ही

उतनी ही धूप
जो उतर आती है पड़ोसी छज्जे से बचकर

उतनी ही बातें जो कान में पड़ जाती हैं
किसी और के कान से टपक कर
जितना सच परोस देता है टीवी
सुबह शाम ख़बरों में

उतनी ही बहस जितनी फेसबुक पर संभव है
उतनी ही कविताएं जितनी डाकिया दे जाता है
वे ही विचार जो उसके विचारों से टकराते नहीं

फालतू की बहस टकराहट सुगबुगाहट बहिनापा
गलचौरों से दूर बचा के रखता वह ख़ुद को
साहित्य-समाज के गहन अध्ययन के लिए
बच कर रहना ही विशिष्ट होना है

सहमत हों तो लाइक का बटन दबाएं
बस इतना ही ❒

भीड़

आदमियों की हो तो हो
भीड़ की पूंछ नहीं होती
फिर भी दबी नहीं कि हमलावर
बिल्ली की तरह अपने ही तरफ़दार पर

दो मुंहा सांप होती है भीड़
दोनों तरफ मुंह मारती कहीं भी कभी भी
त्यौहार में
बाज़ार में
श्मशान में
कूड़ेदान में
प्रतिमा विसर्जन ख़ुदा की शान में

चूल्हे की राख से पैदा हो सकती है
फ़्रीज से मांस की तरह निकल सकती है
किसी महिला को डायन घोषित कर मार सकती है
पड़ोसी के सांस की बदबू से भड़क सकती है भीड़

भीड़ की पिछाड़ी नहीं होती
कि ख़तरा भांप सरक लें आप पतली गली से
रेल की तरह आगे भी चलती है पीछे भी
बसावट कब जमावट

और जमावट कब जानवर के बाड़े में बदल जाती है
पता ही नहीं चलता
जानवर की शक्ल में इंसान
और इंसानों की शक्ल में जानवर होती है भीड़

भीड़ का कोई पड़ोसी नहीं होता
बूढ़े बच्चे बीमार औरतें सब केवल क़ौम होते हैं
क़ौम के ख़िलाफ एक क़ौम
कुचल दिए जाते हैं कितने अरमान अनबोलते
दुद्धा सपने
झुलसे रोज़गार
छिदी हुई आत्माएं
हरे हो जाते हैं हड़पने के ख़ूंख़ार इरादे
लूट का कारोबार

जब आबादी भीड़ बन जाती है
राखी के धागे कलाइयों से फिसल कर
गले में कस जाते हैं

भीड़ की स्थापना में इंसानियत का विस्थापन होता है
भीड़ उनकी भी नहीं सुनती जो भीड़ में होते हैं
भीड़ उनकी भी नहीं होती
जिनके हाथों में भीड़ का रिमोट होता है

रक्त स्नान करती है
उजाला पी कर अंधेरे में वोट पैदा करती है
भीड़ का रिमोट
लोकतंत्र के जनरेटर में बदल जाता है तब

भाड़ होती है भीड़
जिसमें झोंका जाता है भाईचारा
और पार्टियों के चेहरे पर समर्थन के चने फूट पड़ते हैं
तिनका-तिनका नीड़ के निर्माण सा
भीड़ का निर्माण करता है तानाशाह
ज़रूरी नहीं कि हैट और कोट में ही हो
अधनंगी धोती आधे कुर्ते जाकेट सफ़ारी या साड़ी
हाफ पैंट में भी
तानाशाह के हाथों में हो सकता है कोई धर्मग्रंथ
कोई महाकाव्य
कोई मनचाहा संविधान भी
कभी दफ़्न इतिहास को कुरेदता
कभी संस्कृति की मनमानी उड़ान भरता
कभी गंगा को गमछे सा गले में लपेटता
कभी ज़िंदगी की चिलचिलाती धूप में बातों की छतरी तानता
कभी रोटी की तरह राष्ट्र को बेलता
कभी राष्ट्रभक्ति से खेलता

लोकप्रियता का पहला सपना है भीड़
मंत्र कहावतें कनफुसरी कथाएं अफ़वाहें

शब्दों का अपहरण
अर्थ का विरुपण
कवियों आलोचकों में भी पाए जाते हैं तानाशाह

रेशे-रेशे बुनी जाती है तानाशाही
बया के घोसले सी मजबूत और कलात्मक
विचारों की आंधी भी नहीं बिगाड़ पाती उसका कुछ
सिर्फ एक बंदर की दरकार होती है उसे नोच फेंकने के लिए
बंदर जिसे नाचना न आया हो किसी मदारी के हाथों

भीड़ कई बार उसके हाथों से भी निकल जाती है
जिसके हाथ में उसका रिमोट होता है
कचर कर मार डालती है अपने ही सेनापति को
पोरस के हाथियों की तरह

भीड़ ज़रूरी नहीं भीड़ को थामने के लिए
कई बार व्यक्ति भी कम नहीं होता भीड़ से
निराकार भीड़ के सामने एक साकार भीड़

❐

ठेका

फस्लें ठेके पर
नस्लें ठेके पर
जीवन के सारे ठीहे ठेके पर
ठेके पर नौकरी-मजूरी
ठेके पर भिखमंगे
ठेके पर तुलसी ठेके पर चन्दन
ठेके पर हर हर गंगे
ठेके पर रामलला की होती दीवाली
ठेके पर उजली होती जाती मेहनत काली

ठेके पर काशी है ठेके पर काबा है
बल्ली पटरे मेले-ठेले सब ठेके पर
ठेके पर ख़ुशियां हैं उत्पादन क्रय-विक्रय
घर-घर बाज़ार ऑनलाइन हैं ठेके पर
ठेके पर बंटती शुभकामनायें
कीर्तन जागरण भंडारा मृत्युंजय महापाठ
अस्मिताएं ठेके पर
ठेके पर आस्था

या तो ठेका ले लो या ठेके पर दे दो
ठेकाविहीन नहीं बचा कोई रास्ता

देसी का ठेका अंग्रेजी का ठेका
पानी पर लहरों के चलने का ठेका

पर्वत पर बर्फ़ के पिघलने का ठेका
चूल्हा है ठेके पर चौका है ठेके पर
आएं! बनाएं! चले जाएं!

ठेका है गोद का
ममता है ठेके पर
ठेके पर कोख नौ महीने
पैदा करो! पैसा लो! घर जाओ!

बचपन भी ठेके पर
क्रच आया प्ले वे ट्यूशन कोचिंग कैरियर
सफलताओं का ठेका
सब कुछ पैसा-जीवित सब कुछ पैसा-आश्रित
और पैसा?
पैसे का मतलब कि ठेका है कैसा!

घर-बाहर अस्पताल शिक्षा सुरक्षा
अब तो रिश्ते भी होने लग गए ठेके पर
संविदाओं पर सेवा
लिव-इन का ठेका है जब तक मन पटे रहो

ठेके पर पी.एच.डी. ठेके पर डाक्टरी
ठेके पर कविताएं चर्चाएं
नाम ईनाम मक़बूलियत सब ठेके पर
घर मकान ठेके पर छवि का निर्माण
वोट और सरकारें लोकतंत्र ठेके पर

धरना-प्रदर्शन से लेके दुश्मनी तक
मौत का भी ठेका-सुपारी है
आपको जलानी नहीं माचिस की तीली भी
क़त्ली ख़ूनी शूटर साधू वैरागी सब ठेके पर
होंठ सिले पाक-साफ रहिए
जो भी कहना है जेब-भाषा में कहिए
भाषा पर भाषा का आवश्यक है नक़ाब
सावधान!
यह ठेका है जनाब!

मजहब है ठेके पर मान्यताएं
जल्दी ही उठ जाएगी पृथ्वी ठेके पर
ठेके पर सूरज और ठेके पर नदियां
जल जमीन जंगल और बस्ती का ठेका
ठेका विलाप का हो या मस्ती का ठेका
घर बैठे मन माफ़िक जल्दी से जल्दी
ठेके पर अमन-चैन ठेके पर ज़िंदाबाद
ठेके पर उग्रवाद
महफिल में वाह वाह ठेके पर लुटी दाद

जल्दी ही युद्ध लड़े जाएंगे ठेके पर
समझौता लेकर के आएंगे ठेकेदार

जब तक का ठेका है तब तक का ठेका है
उसके बाद ठेंगे पर!

ठेके तो दिखते है साफ़-साफ़
पर ठेकेदार ज़रा ढंके-छुपे
और उससे ज़्यादा पोशीदा हैं वे जिनके
रौशन दिमाग़ों पर लटक रहे अंधियारे के पर्दे

ठेके के पीछे के ठेके का सच
कौन है बन्दर और कौन है मदारी
घास और घोड़े की यारी

मैंने क्या ठेका ले रखखा है करूं बेनक़ाब उन्हें
है जिनके हाथों में जीवन का ठेका
बदले में क्या होगा
फ़क़त एक शोक सभा और वह भी ठेके पर

❒

घर से दूर बेटे के लिए

फोन का होना बजना और न उठना
ज़रूरत ही नहीं कला भी है

पुकार सुनी गयी
इसका एहसास भी पुकारने वाले को न हो
ख़ुद को अनसुना समझ पुकारने वाला नेटवर्क को कोसता रहे

जीवन में रह कर जीवन से बाहर रहने का शिल्प
पुकार में रह कर पुकार से बाहर रहना

फोन स्विच आफ
व्यक्त होने का नया पाठ है
बिना कान में डाले कान से बाहर कर देने का हुनर

तनहाई का सितार है फोन
कान में ठेठी डाले संगीत में सराबोर
धक्का खाते भीड़ के कोलाहल से दूर
वक़्त में रहकर वक़्त के पार
किसी अपने की चिंतित व्याकुलता से परे
अपने में खोए अपने में चूर
बस एक छुअन जो किसी आवाज़ को आप तक पहुंचने न दे
एक टच जो अनटचेबुल बना दे अवांछितों को

फोन राजनीति का नया उपकरण है
ज्ञान का ख़ज़ाना
नया समाजशास्त्र
रिश्तों का कोमल चिंताओं से
क़ाबिलियत का अनुभव से कोई रिश्ता नहीं
यह गूगल साबित कर चुका है

चला जाऊंगा इसी तरह किसी दिन
फोन पर आवाज़ लगाते
संदेश पठाते आवाज़ों की दुनिया के पार
तब लगाते रहना फोन लगातार
पर नहीं सुन पाओगे अपनी पुकार पर
उधर से आई दुलार भरी आवाज़
'हां बेटा, बोलो!'

आवाजों के ख़ज़ाने में एक अकेली आश्वस्त करती आवाज़
कि अभी कोई है मेरा
कभी नहीं सुन पाओगे

❐

हांका

हांका लगता रहा
सारी सारी रात जागते रहे लोग
भेड़िया आया! भेड़िया आया!
भेड़िया नहीं आया

निराश हुई नयी पीढ़ी
पहली बार देखती भेड़िए को अपनी आंखों
पुचकारती
सराहती
ढेला मारती दौड़ाती
हूं-हूं करती
मगर तमाशा न हुआ

बटोर हुई
ख़ैनी-पान
नींद ख़राब हांका
भेड़िया आया ही नहीं
हवा बांधते रहे सयाने

पता है उन्हें कि भेड़िए ने अब तक गुस्से में
तहस नहस कर दिए होंगे कई खेत
तमतमाया होगा

उछला कूदा दांव लगाया होगा चुपचाप
कि हांका थमे और वह गांव में घुसे

जानते हैं बुज़ुर्ग
कि माहौल पहचानते हैं भेड़िए
डरते हैं मशालों से
जब-जब हांके में ढील हुई है
गांव की सीवान लांघी है भेड़िए ने

आया था इसके पहले भी एक बार
मुलायम रोएंदार चेहरे पर स्त्रियोचित लावण्य लिए
कविताएं लिखी थीं तब आज के हांके में शामिल बहुतों ने
भेड़िए की रक्ताच्छादित आंखे देख रोमांचित हुए थे

आदमी हो तो भेड़िए जैसा मर्द
एक के पीछे पूरा गांव
फिर भी बंदा दे गया दांव!
उस दिन मुरदार पड़े मुहावरे पर धार चढ़ी थी
भेड़िया आया! भेड़िया आया!

अबकी सचेत रहे लोग
हांका लगता रहा सारी रात
पर भेड़िया नहीं आया
भेड़िए रोज़ रोज़ नहीं आते मित्र!
मुहावरा फिर ग़लत निकला

मुहावरे का ग़लत होना ही शायद सच होना है
भेड़िया नहीं आया तो बस इसलिए कि हांका लगता रहा

पुनश्चः
पाठकों!
कवि ने इस कविता में कुछ छिपा लिया है
कहीं ऐसा तो नहीं कि भेड़िए ने
गांव वालों के हांका लगाने का
गहरा अध्ययन-विश्लेषण किया हो
मशालों के जलने-बुझने के आंकड़े इकट्ठा किए हों
और हांका के पहले ही छिप कर घुस आया हो
गांव में किसी देवीस्थान
या खण्डहर के पीछे
या किसी बाऊ साहब के खंझसिया आहाते में
कि हांका लगाकर थके लोग सोएं तो वह नमूदार हो

याद रहे,
भेड़िए अब खेतों में नहीं छिपा करते

❐

मैं हिन्दू हूं

इतना हिन्दू तो हूं ही
कि मंदिर से लौटी पत्नी के प्रसाद देने पर
उसे माथे से लगा कर ग्रहण करूं

पूजा-पाठ न सही
पर्व-त्यौहार पर गोड़ रंगा लूं
पियरी में रहूं, टाई न बांधू

इतना हिन्दू तो हूं ही
कि पण्डित जी की सेन्दुर-अच्छत सनी मध्यमा के आगे
सर पर हाथ रखकर माथा आगे कर दूं

नहीं मानता गाय को मां
पर काटो तो याद आए उसका दूध

मेरे हिन्दू होने में इतनी प्रगतिशीलता तो बची ही है
कि किसी की फ़्रीज की तलाशी का विरोध करूं
खाए जिसको जो पसंद
पर बीफ खाने का सामूहिक प्रोपेगंडा क्यों?

पोर्क खाने की कोई बड़बोली प्रगतिशील पोस्ट
क्यों नहीं डालता कोई
तौबा! तौबा!

मगर बीफ़
वकअप!

हिन्दू हूं पर इतना हिन्दू नहीं
कि न कहने पर भड़क जाऊं
देशद्रोही मान लूं
पर इतना हिन्दू तो हूं ही कि वंदेमातरम् से परहेज़ पर
दुखी होऊं

इतना आज़ाद ख़याल भी नहीं
कि आज़ादी के परचम को चीवर बना दूं
गुलामी को गलदोदई
प्रगतिशीलता को चिढ़ौनी
हिन्दू हूं पर ऐसा हिन्दू भी नहीं
कि जय श्रीराम की चिकोटी काटूं

हिन्दू हूं पर इतना कट्टर नहीं कि मुंह में पेशाब की तरह
जय श्रीराम घुसेड़ दूं
पीट-पीट कर जान ले लूं

उतना हिन्दू नहीं जितने की आपको सरकार बनाने
चलाने
गिराने की दरकार है
पर उतना हिन्दू तो हूं ही कि हिन्दुत्व को
पागल हाथी बनते देख दुखी होऊं

मैं हिन्दू हूं
और अस्तित्व आस्था अस्मिता के सवालों को
हिन्दुओं के लिए भी ज़रूरी समझता हूं

इतना कम हिन्दू भी नहीं
कि देवेन्द्र आर्य की जगह अपना नाम
दानिश अरशद रख लूं

इतना कुटिल हिन्दू भी नहीं
कि दानिश अरशद को देवेन्द्र आर्य बनने पर मजबूर करूं

❐

जाना मगर

जाना, ग़रीबों के बीच जाना
पर ग़रीबी से बच कर रहना

देना, उन्हें पूरी मदद देना
पर अपने हिस्से का तेल उनके अंधेरे को मत दे आना

ठंढ से कांपते मुसहरों की बस्ती में पुराने कपड़े
कम्बल बांटना
पर छुआना नहीं
ठिठुरते उधड़े गुदाज बदन पिघला देते हैं ज़ब्त की बर्फ़ को
जाना, हाथ-गोड़ बचाकर जाना

फोटो उतारना
उनके बीच धंस कर सेल्फी भी लेना
पर सटना नहीं

जाना, पर ज़ात से नहीं जाना
अपनी औक़ात से नहीं जाना

हालचाल लेना
पर उनकी बस्ती का पानी नहीं पीना
सचेत किया मुझे एक पुराने समाजसेवी ने
और मैंने अगले को

जाना, कि दया-धरम बचा रहे दुनिया में
और तुममें पुण्य
और मदद की आस हालात के मारों में

जाना, कि नहीं जाने पर
कैसे अलग कर पाओगे ख़ुद को लोगों से।

❐

समर्थन

समर्थन का मतलब समर्थन ही नहीं होता
जैसे विरोध का आशय विरोध ही नहीं
समर्थन का मतलब किसी का आंतरिक विरोध भी
हो सकता है

हो सकता है
जब हम किसी को कउआ कह रहे हों
तो आशय किसी कउआ विरोधी को
कुक्कुर कहना हो
निगाहें कहीं निशाना कहीं!

व्यक्ति का राजनैतिक गुणनफल
कम गणित नहीं जीवन की तरह
जहां छ: और तीन के छ: नतीजे निकल सकते हैं
दो, तीन, नौ, अठारह, छत्तीस और तिरसठ
कुछ सम कुछ विषम
संकेत निर्धारित करते हैं संख्याओं का हासिल
परिस्थितियों की तरह

समर्थन की राह चल पड़ा विरोध
या विरोध की पगडंडी थामे समर्थन!
यह तो पेट का पानी है
जल्दी पचता नहीं।